Il pense que les chocs de la lumière o[illegible] d'autres matières, et les frottemens ébran[illegible] lent les parties de ces corps qu'ils dérange[illegible] de la situation où elles étoient retenues pa[illegible] leur attraction : qu'une répétition conti[illegible] nuée de ces percussions ou de ces frott[illegible] mens produit et entretient des alternativ[illegible] de l'action de la force d'impulsion, qui te[illegible] à déplacer les parties de ces corps, et de [illegible] force d'attraction qui tend à les unir : et q[illegible] de ces alternatives il résulte nécessaireme[illegible] un mouvement intestin de vibration [illegible] d'oscillation des parties, qui constitue [illegible] chaleur ; et qui est communiqué à la l[illegible] mière, que ce mouvement lance dans to[illegible] sorte de directions.

Mais comment pourroit-on prouver q[illegible] dans une suite continue de chocs ou [illegible] frottemens qui échauffent un corps, la fo[illegible] d'impulsion et la force d'attraction agiss[illegible] sur les particules de ce corps, seulem[illegible] par alternatives ; ainsi qu'il seroit toujo[illegible] nécessaire pour produire le mouvem[illegible] vibratoire supposé ? L'action de la fo[illegible] attractive ne peut-elle pas être bornée p[illegible] dant des temps plus ou moins longs, d[illegible]

LOGIQUE FRANÇAISE.

LOGIQUE FRANÇAISE,

POUR PRÉPARER LES JEUNES GENS A LA RHÉTORIQUE,

PAR M. HAUCHECORNE,

Ancien Professeur de Philosophie au Collége des Quatre-Nations, et maintenant Professeur de Mathématiques Transcendantes au Prytanée Militaire Français.

Nouvelle Edition revue et augmentée par l'Auteur.

DE L'IMPRIMERIE DE CELLOT.

A PARIS,

Chez { NYON, Libraire, place de la Monnoie, nº. 13;
LENORMAND, Imprimeur-Libraire, rue Saint-Germain-l'Auxerrois, nº. 17.

M. DCCC. VI.

Deux Exemplaires de cette nouvelle Edition ont été déposés à la Bibliothèque impériale.

On trouve chez les mêmes Libraires un Abrégé Latin de Philosophie, avec une Introduction et des Notes, *par M.* Hauchecorne, 2 vol. in-12, *brochés*, 5 liv.

LOGIQUE FRANÇAISE,

POUR PRÉPARER LES JEUNES GENS A LA RHÉTORIQUE.

PLUS foible que les autres animaux, l'Homme ouvre à peine les yeux à la lumière, qu'il manifeste ses besoins par ses cris, et le premier usage de ses sens est la douleur. Son œil, sa main, ses gestes, interrogent son berceau. Surpris, étonné de tout ce qu'il voit, de tout ce qu'il touche, il est arrêté par toutes les impressions qu'il éprouve. L'herbe qu'il foule aux pieds n'est point pour lui la même que pour un quadrupède : les sons qui frappent son oreille, les couleurs qui fixent ses regards, tout ce qui affecte ses organes, l'intéresse, l'agite et le plonge dans une espèce d'étude dont les progrès sont aussi négligés que précieux. D'où peut donc venir ce fonds d'inquiétude et de curiosité? Pourquoi cette activité, ce travail? Le Cheval n'attend point sa fierté du nombre des années; le Taureau connoît sa force aussitôt qu'il respire; le Lion ne quitte la mamelle de sa mère que pour régner sur les déserts qui l'ont vu naître; le Chien fidèle, l'industrieux Castor, le Singe si étonnant par sa finesse et sa dextérité; tous ces animaux atteignent en peu de temps la perfection dont leur nature est susceptible : leur enfance est rapide, et le développement de leurs facultés aussi prompt, que l'accroissement de leurs membres; et l'Homme est lent à se former. Arrêtée par mille obstacles, sa marche est insensible, et son éducation est la moitié de sa vie. D'où peut procéder cette étonnante différence? C'est que l'Homme raisonne, c'est que l'Homme réfléchit, c'est que l'Homme a le don céleste de la *Pensée;* c'est qu'il a pour titre de sa supériorité, de son empire sur les animaux et sur toute la nature, le pouvoir de connoître ce qui ébranle le mécanisme de son corps, de se replier sur les modifications de son âme, de comparer et d'analyser les affections qu'il reçoit, de rapprocher et de réunir en un seul tableau toutes les images qu'il se forme, de rappeler à son gré les traits d'où résultent ces images, de les augmenter, de les diminuer, de les décomposer; en un mot, d'être l'arbitre de ses mouvemens, le maître de ses actions, et le juge de lui-même.

Nous recevons tous, en naissant, la faculté de penser, et nous en pouvons faire usage sans le secours des préceptes. Le fils grossier du plus obscur paysan raisonne, comme l'héritier présomptif de la couronne la plus brillante : on peut même avancer que leurs âmes sont égales, et qu'ils ne diffèrent extérieurement que par la constitution du corps. Mais les soins de l'éducation, les heureuses circonstances, les théâtres éclatans, élèvent l'un; tandis que l'autre sans culture et sans occasions, resserré dans une sphère étroite de connoissances, borné aux impressions qu'il reçoit de sa chaumière et guidé par des leçons aussi simples, des exemples aussi communs que tout ce qui l'environne, paroît avoir du côté de l'esprit la même infériorité que lui donne le rang.

Cependant combien de fois n'arrive-t-il pas que les plus habiles instituteurs voient leurs espérances trompées, et que lorsque la fortune a désigné d'illustres Emiles pour remplir les emplois les plus importans, la nature les récuse et leur substitue celui que l'indigence condamne à baigner la terre de sa sueur! Combien de fois l'humble artisan ne pourroit-il pas opposer ses talens et son génie aux pompeuses prérogatives des richesses et du sang! Combien de fois l'esclave n'est-il pas au-dessus du maître impérieux dont il exécute, en tremblant, les ordres barbares et stupides!

Cette force de raisonnement, cette solidité, cette justesse de pensée, indépendantes des conditions, de la fortune et de l'étude; cette faculté de se former des principes clairs, et d'en tirer d'exactes conséquences; voilà ce que nous appelons *Logique naturelle* (1). Si elle manque, tous

---

(1) Le mot grec Λόγος, *Logos*, d'où vient celui

les préceptes sont inutiles : ils ne font même que donner à l'esprit une dangereuse sagacité, une fausse finesse, et une insolente opiniâtreté : nous n'en avons, hélas ! que trop d'exemples.

Mais, quoique tantôt prodigue, tantôt avare, la Nature partage inégalement ses faveurs ; quoique des hommes heureusement nés l'emportent souvent en énergie et en pénétration de jugement sur d'autres dont l'esprit est cultivé, fortifié par les exercices, nourri par la lecture et dirigé par les leçons ; quoiqu'enfin nous puissions, en général, bien raisonner sans étude, il n'en est pas moins vrai, que, toutes choses égales d'ailleurs, toutes compensations faites, et supposant la marche ordinaire des esprits, l'Art du raisonnement, autrement la *Logique artificielle*, est, sinon

---

de *Logique*, ne signifie pas seulement *parole*, *discours*, etc. ; mais encore *calcul*, *rapport*, *raison*. De-là Λογεῖον, Logéion, *oracle* ; Λογίζομαι, Logizomai, *je raisonne*. La racine de ces différens mots est le verbe Λέγω, *Lego* (ou plutôt l'inusité Λόγω), *je choisis*, *je recueille*, *je calcule*, *j'établis*, *je parle*.

d'une nécessité absolue, au moins de la plus grande utilité. Plus de précision et d'exactitude dans le langage, plus d'ordre dans les idées, plus de suite et de sûreté dans les jugemens, plus d'adresse pour découvrir et dévoiler le faux d'un sophisme, plus de vigueur pour développer une preuve, en saisir les moyens et les présenter sous un jour favorable; tels sont constamment les effets des règles que prescrit une Logique bien acquise. Veut-on plaire, émouvoir, persuader, c'est-à-dire, être bon orateur? Que l'on consulte les lois de la Logique, et l'on verra qu'elle apprend à jeter dans le discours une agréable variété, par une disposition bien entendue des diverses sortes de raisonnement; à toucher, attendrir, effrayer, par un juste choix des moyens; et à pénétrer l'âme de la plus forte conviction, par des démonstrations lumineuses, par un tissu rigoureux de principes et de conséquences, par un ensemble frappant de raisons clairement énoncées, prouvées hardiment, et disposées dans un bel ordre.

Il y a une liaison intime entre la Logique

et la Rhétorique, ou plutôt, c'est le même Art sous deux rapports différens. La Logique trace le dessin de nos connoissances; la Rhétorique y met ses couleurs. La Logique pose les fondemens et construit, pour ainsi dire, la charpente de nos pensées, de nos raisonnemens, de tous les travaux de notre esprit; la Rhétorique en fait un édifice brillant par la grâce et la disposition qu'elle sait leur donner. La Logique prescrit les mesures, indique les proportions, détermine les convenances; la Rhétorique distribue les ornemens, répand le bon goût, le sentiment et la vie. L'une sans l'autre ne fait, ou qu'un corps nerveux dont les formes sont rudes et durement prononcées sans aucune draperie qui les sauve et les adoucisse, ou qu'un assemblage confus de riches draperies qui ne couvriroient qu'une ébauche informe: réunies par une main habile, elles composent un tout harmonieux, dans lequel se marient agréablement la force et la délicatesse, la précision et l'abondance, la symétrie et la variété.

Mais comment se livrer à l'étude de la

Logique avant que de s'appliquer à celle de l'Eloquence? Faut-il donc dessécher son imagination par la froide lecture des Traités de Philosophie, où toutes les règles de la dialectique sont longuement et péniblement exposées dans un latin qui n'est rien moins qu'élégant, et qui souvent même est barbare? Faut-il, pour arriver à la connoissance de ces règles, se traîner douloureusement sur mille questions aussi épineuses qu'inutiles? Non, sans doute. Quelques principes bien établis, quelques préceptes simples et faciles, des exemples bien choisis, des comparaisons naturelles, doivent suffire pour mettre les jeunes gens en état de classer leurs idées, de discerner la justesse ou la fausseté d'un raisonnement, d'ordonner la marche de leurs compositions, de réprimer par l'exactitude logique le luxe de leur imagination, de se disposer même à faire, après leur Rhétorique, une philosophie solide et raisonnée. Telles ont été les vues de l'Auteur qui leur offre ces élémens de dialectique : puisse-t-il être assez heureux pour les avoir remplies! La seule gloire qu'il ambitionne et la seule récompense qu'il désire, sont de se rendre utile à cette portion chérie de la Société dont les jeunes talens sont la douce espérance de tous les ordres de l'Etat. Entrons donc en matière, et tâchons, si ce ne peut être par les grâces du style, au moins par l'ordre, la méthode et la clarté, de jeter de l'intérêt sur une science que son aridité, la fausse délicatesse, l'esprit de suffisance et l'ignorante fatuité font regarder d'un œil indifférent, pour ne pas dire méprisant et dédaigneux.

Les objets se peignent à notre esprit sous certaines formes ; c'est ce qu'on appelle avoir des *Idées*. Nous comparons deux idées pour en découvrir le rapport, et cette comparaison est un *Jugement*. Nous rapprochons deux jugemens pour en déduire un troisième, et alors nous *raisonnons*. Nous mettons de la liaison et de l'ordre dans nos idées, dans nos jugemens, dans nos raisonnemens, c'est ce qu'on entend par la *Méthode*, qui, dans la recherche de la vérité, prend le nom d'*Analyse*, et celui de *Synthèse* dans les compositions et l'enseignement. Nous nous replions sur nos pensées pour les étudier, c'est la *Réflexion*; nous nous y arrêtons plus ou moins de temps, c'est l'*Attention*; elles renaissent et se ressuscitent dans notre âme, c'est la *Réminiscence*; nous nous en rappelons les circonstances et les signes, c'est la *Mémoire*; nous les composons et les étendons à notre gré, c'est l'*Imagination*. Voilà bien des actions différentes d'un même principe immatériel, pensant et libre : ce ne sont pourtant point, à proprement parler, autant d'opérations séparées, autant de branches réellement distinguées les unes des autres et du fonds qui les produit : elles ne sont toutes que l'âme appliquée à tel ou tel objet, et de telle ou telle manière.

Cependant les Philosophes, pour mieux les observer, les connoître et les définir, les ont rangées par classes, leur ont donné des noms et des caractères propres, comme s'il existoit entr'elles une succession et une division véritables; ils les ont regardées comme autant de fonctions particulières que l'on ne devoit pas confondre, et leur réunion forme ce que nous appelons l'*Entendement humain.*

L'*Entendement* est encore pris pour une espèce d'agent que l'on distingue scrupuleusement de la *Volonté :* sous ce rapport il se nomme *Intellect.* Ne sait-on pas que, dans le langage ordinaire, nous attribuons certaines affections au cœur, et d'autres à la tête? Et n'est-ce pas en ce sens que tous les jours on dit : *Cet homme a une tête excellente, mais un mauvais cœur?* Or les Logiciens ont usé du même droit, et ont vu dans l'*Intellect* un guide fait pour éclairer nos pas, pour nous présenter le bien et le mal, le mensonge et la vérité sous les dehors qui leur conviennent; dans la *Volonté*, un serviteur fidèle qui suit la route qu'on lui trace, et ne détermine son choix que sur les conseils qu'on lui donne. L'*Intellect* dicte ce qu'il faut faire, la *Volonté* l'exécute ; l'*Intellect* estime ou méprise l'objet, la *Volonté* le hait ou l'aime; enfin l'*Intellect* est le juge, et la *Volonté* le ministre.

Toutes les opérations de l'*Intellect* sont du ressort de la Logique, et les affections de la *Volonté* appartiennent à la Morale. On a trouvé que la division de la Logique étoit plus simple en rapportant tout ce qui regarde l'*Intellect* à quatre modifications principales, qui sont l'*Idée*, le *Jugement*, le *Raisonnement* et la *Méthode*; c'est aussi le plan que nous allons suivre.

CHAPITRE PREMIER.

DE L'IDÉE.

QU'EST-CE qu'une Idée? Quelles sont les propriétés de l'idée? D'où nos idées tirent-elles leur origine? Ces trois questions, si nous voulions rapporter tous les sentimens et tous les combats qu'elles ont fait naître, formeroient trois traités aussi longs que difficiles, et peut-être ennuyeux; mais nous n'en parlerons qu'autant que le demande notre objet.

L'idée est l'image sous laquelle une chose se fait sentir à l'âme, et en termes d'école, c'est *la représentation d'une chose dans l'esprit*. Par exemple, un cercle, lors même qu'il n'est pas devant mes yeux, se peint-il dans mon cerveau? J'ai l'*idée* d'un cercle. Est-ce la forme d'un triangle qui s'y dessine? J'ai l'*idée* d'un triangle. Ces notions sont fort claires : elles sont fondées sur l'expérience, parce que nous sentons nos idées, nous les distinguons les unes des autres et de tout ce qui n'est point *idée :* nous voyons qu'elles ne peuvent être que les portraits fidèles des objets que nous connoissons, et dont certainement nous n'aurions aucune connoissance, s'il ne se traçoit dans notre âme une image bien caractérisée. Mais tant que l'on voudra creuser et approfondir la nature de cette représentation, c'est-à-dire démontrer comment elle se forme, d'où elle résulte, en quoi elle consiste, on cessera de raisonner, parce qu'on ne raisonne plus quand on manque de principes. On entassera chimères sur chimères, et le titre pompeux de système ou le nom célèbre du plus grand Métaphysicien ne couvrira point les erreurs. Que n'ont pas dit MALLEBRANCHE et ARNAULD dans leur querelle philosophique sur cette question qu'ils ont rendue fameuse ! que d'argumens ! que de subtilités ! que de sophismes ! N'ont-ils pas eu la douleur de voir qu'ils n'étoient entendus de personne, et qu'ils ne s'entendoient pas eux-mêmes ? Aussi M. de Fontenelle disoit-il élégamment, en se moquant des deux partis, qu'il falloit que ce fût un grand combat, puisque tout l'univers étoit spectateur et que personne ne pouvoit être juge (1).

Quant aux propriétés de nos idées, on en compte trois, leur *vérité*, leur *clarté*,

---

(1) *Mallebranche*, comme l'on sait, fut un illustre défenseur de la philosophie de Descartes ; il naquit à Paris en 1638, et porta dans l'Oratoire, à l'âge de vingt ans, un des génies les plus brillans et le corps le plus foible que la nature ait produits dans ses contrastes.

Arnauld, grand théologien, et ami de Mallebranche, quoique plus âgé que lui de vingt-six ans, s'est fait connoître par plus de cent productions toutes dignes de sa plume ; et Boileau ne craint pas d'avancer que c'étoit le plus savant mortel qui jamais eût écrit. Cet éloge étoit peut-être un peu outré par l'amitié ; mais on ne peut nier que M. Arnauld fût un homme d'un mérite étonnant.

leur *distinction*. Elles sont *vraies*, puisqu'elles sont les images des objets : elles sont *claires*, autrement elles ne nous donneroient aucune connoissance : elles sont *distinctes*, parce que si l'une représente un cercle, elle ne le confond point avec un triangle ; si l'autre peint un triangle, elle le fait distinguer d'un carré, etc. Ces qualités leur sont essentielles, et dès-lors qu'une seule viendroit à manquer, il n'y auroit plus d'idée. Toutes les disputes des Logiciens n'obscurciront jamais des principes si évidens.

Pour l'origine de nos idées, elle a été la matière de dissertations plus solides et plus claires. *Descartes*, le restaurateur de la Philosophie et le Prince des Philosophes Français (1) leur assigna trois sources différentes. Parmi toutes les idées que nous avons, disoit-il, les unes viennent des circonstances et des impressions extérieures qui nous frappent dans le cours de nos

(1) Ce grand homme, l'honneur de sa patrie et la lumière de l'Europe, vit le jour à la Haye en Touraine, le 31 de mars 1596.

années, ce sont des *idées adventices* (1); nous en créons d'autres par l'exercice de la réflexion, ce qui doit les faire appeler *idées factices* (2); la troisième espèce, Dieu nous la donne au moment où il nous fait exister, et l'enfant suffisamment organisé dans le sein de sa mère, a déjà des idées primordiales de l'Être suprême et des premiers principes de la loi naturelle : voilà les *idées innées* qui, si long-temps, ont divisé tant d'écoles, échauffé tant d'esprits, animé tant de plumes. Nous n'entrerons point dans l'examen des preuves qui les défendent ou les combattent, parce qu'elles-mêmes elles n'entrent point dans le plan de ce petit ouvrage : nous dirons seulement, et ce seul mot suffit, que si les *idées innées* eurent autrefois les plus illustres partisans comme les plus terribles adversaires, la dispute est aujourd'hui parfaitement oubliée.

---

(1) Du verbe latin *advenire*, *venir*, *arriver d'ailleurs*.

(2) Du verbe *facere*, *faire*, *composer*, et bien différent de *fictice*.

LOCKE, Philosophe Anglais (1), conserva les idées que Descartes avoit nommées *Adventices* et *Factices* : il ne reconnut qu'elles et bannit les *idées innées*. Il avança que nos sens sont le fonds et les matériaux de toutes nos connoissances ; que ces connoissances brutes et informes dans les premières années de notre vie, comme les impressions elles-mêmes qui les produisent, se combinent, s'agrandissent, se développent avec les circonstances ; et qu'ensuite la Réflexion, c'est-à-dire la faculté de nous replier sur nos sensations, leur donne cette force, cette étendue, cette richesse, qu'augmentent et perfectionnent le temps, l'étude, et les différentes situations de la vie humaine. Une observation très-naturelle vient à l'appui de ce sentiment. Supposons un homme né sans l'organe de la vue : il n'a certainement aucune idée de la lumière et des couleurs, de l'espace et de la figure des corps. Est-il privé de l'ouïe ? Que connoît-il sur les sons ?

(1) Né à Wrington, près Bristol, en 1632, six ans avant Mallebranche.

La nature lui a-t elle refusé le sens si général du toucher ? Combien d'affections n'ignore-t-il pas? Enfin n'a-t-il aucun des sens dont nous sommes doués ? Quelles impressions pourra-t-il recevoir ? quelles sensations pourra-t-il éprouver ? quelles notions pourra-t-il acquérir? Que sera-t-il, sinon un bloc de matière insensible, inanimé; un corps brut, passif et sans énergie? Voilà ce que veut dire Locke par cette proposition : *Toutes nos idées viennent des sens.* Elles ne passent point par nos sens comme à travers une filière dont elles prennent l'empreinte; mais les sens sont une condition et une occasion sans lesquelles nous n'aurions point d'idées. Cette opinion, si elle n'est pas vraie, est au moins bien spécieuse, et ce que lui opposent les savans Auteurs de la *Logique de Port-Royal*, ne paroît pas la détruire.

L'Idée, comme toute autre modification de l'âme, n'a rien de physique et de matériel : elle est indivisible, pure et sans mélange. Personne n'ignore que le quart ou la moitié d'une pensée, est une division folle, ridicule et absurde : cependant les

Logiciens admettent des idées *simples* et *composées*. Seroit-ce une contradiction ? nullement. Par idée *simple*, ils entendent une idée qui n'est point l'assemblage de plusieurs autres ; et par idées *composées*, toutes celles qui ne sont que la réunion, et pour ainsi dire le faisceau d'un certain nombre d'idées empruntées. Il y a fort peu d'idées simples, si toutefois il en existe, et le reste est plus ou moins composé. L'idée que nous avons de Dieu, par exemple, est très-composée, parce qu'elle est le résultat de toutes les idées accessoires de bonté, de puissance, de gloire, de justice, etc. : or, celles-ci sont elles-mêmes une collection d'idées inférieures et subalternes.

CHAPITRE II.

DU JUGEMENT.

Nos idées ne sont pas isolées et détachées les unes des autres, mais elles ont des rapports, des connexions et des différences. Il y en a qui s'accordent et demandent à être liées : il y en a aussi qui sont incompatibles. L'idée de *cercle* et l'idée de *rondeur* se présentent-elles à mon esprit ? Leur affinité me paroît frappante, et je ne puis me dispenser de les unir. Ai-je celles de *cercle* et de *carré ?* Je les sépare aussitôt comme opposées et inconciliables. Un *Dieu* et un *être parfait* me paroissent la même chose : un *Dieu* et un *tyran cruel* font un contraste qui me révolte. Or, joindre deux idées qui semblent faites l'une pour l'autre, ou séparer deux idées qui se choquent et se détruisent, c'est *juger.* Y a-t-il union ? Le jugement est *affirmatif.* Y a-t-il séparation ? C'est un jugement *négatif.* Le Jugement est donc la comparaison de deux idées : l'âme est l'arbitre, et prononce sur le rapport qu'elle découvre. Et comme des deux idées qu'elle confronte, l'une est soumise à tout ce qu'elle en peut dire, et l'autre est la qualité qu'elle peut attribuer à la première, l'une est appelée le *Sujet,* et l'autre l'*Attribut.* Ces deux expressions répondent au *Substantif* et à l'*Adjectif* de la Grammaire. Quelques exemples rendront la chose plus sensible.

Dans ces jugemens affirmatifs, *La vertu est aimable*, *La sobriété est la mère de la santé*, *Un homme avare est malheureux*, on voit au premier coup d'œil que les idées de *vertu*, de *sobriété*, d'*homme avare*, sont celles sur lesquelles l'âme va prononcer ; et que les idées d'*aimable*, de *mère de la santé*, de *malheureux*, sont ce qu'elle en pense. Les premières sont donc les *Sujets*, et les secondes sont les *Attributs*.

Dans les jugemens suivans qui sont négatifs, *Le voluptueux n'est jamais estimé*, *Le prodigue n'est jamais riche*, *Le menteur ne peut s'attirer la confiance des honnêtes gens*, il n'est pas moins évident que le *voluptueux*, le *prodigue* et le *menteur* sont *Sujets*, et que les *Attributs* qui en sont exclus par la négation sont l'*estime*, la *richesse*, la *confiance*.

Observons que, soumis à mille passions différentes, à des préjugés de toute espèce, et souvent aveuglés par des intérêts plus ou moins dominans, nous ne voyons pas toujours le vrai rapport qui existe entre deux idées, ou nous l'altérons par la précipitation, la colère, la haine, etc. car, au moral comme au physique, nous sommes esclaves des circonstances. L'organe de la vision corporelle est-il affecté par quelque accident? La forme des objets n'est plus la même, les couleurs sont changées et les traits défigurés. Un homme furieux ne distingue rien; tout se double aux yeux de celui qui est ivre; la maladie connue sous le nom de *Jaunisse*, répand le jaune sur toute la nature, et fait disparoître les véritables nuances. C'est ainsi qu'éblouis par les fantômes de l'imagination, par les prestiges de l'amour-propre, par les illusions de nos sens, retenus par la crainte, poussés par la jalousie, irrités par l'animosité, agités par la colère, emportés par l'amour, nous ne voyons point les objets intellectuels tels qu'ils sont, et tels qu'ils se montreroient à nous si nous déchirions le crêpe qui les obscurcit et les déforme; et c'est ce qui fait distinguer nos jugemens en *évidens* ou *obscurs*, en *certains* ou *douteux*, en *vrais* ou *faux*, en *justes* ou *téméraires*, selon que le rapport des idées est bien ou mal saisi. Cependant, quelque faux, quelqu'injuste que soit un jugement, les idées qui en sont la matière et l'objet, n'en sont pas moins pures, moins vraies, moins claires; mais leur liaison ou leur contraste n'a pas fait dans l'âme l'impression nécessaire; l'un ou l'autre n'a point été senti; en un mot, on a uni deux choses incompatibles, ou séparé ce qui demandoit un accord. Voilà la source commune de toutes nos erreurs: la folie elle-même n'a point d'autre origine, et un homme n'est insensé, que parce qu'il lie étroitement les idées les plus disparates et les plus contraires.

Le Jugement est quelque chose de mental et d'intérieur à l'âme: mais nous pouvons, à notre gré, le tenir secret ou le manifester. Si nous voulons le produire au dehors, quel signe plus naturel que la Parole? Or, la phrase qui l'exprime et le rend sensible, s'appelle *Proposition*, et renferme, comme le Jugement dont elle est la traduction, un *Sujet* et un *Attribut*. Elle doit même contenir quelque chose de plus; car l'âme ne peut faire connoître le rapport qu'elle trouve entre l'*Attribut* et le *Sujet*, que par un mot qui indique l'action d'unir ou de séparer l'un et l'autre. Ce mot que nous nommons *verbe* dans la Grammaire, s'appelle en Logique *la copule* (1), et par ce moyen la proposition sera aussi bien que le Jugement, *affirmative* ou *négative*, *vraie* ou *fausse*, *évidente* ou *obscure*, *certaine* ou *douteuse*, *fondée* ou *téméraire* : il le faut bien, puisqu'elle n'est qu'un jugement *verbal*, et qu'elle exprime d'une manière ou d'une autre le rapport des idées. Ainsi voilà une Proposition *évidente* : *Un tout est plus grand que l'une de ses parties* : elle est en même temps *certaine*, *fondée*, *vraie* et *affirmative*. En voici une autre qui est *fausse* et *négative* : *La vertu ne rend pas l'homme heureux*. En général une *Proposition* est l'énoncé fidèle, l'interprétation exacte, la traduction littérale du *Jugement*, et sa perfection comme ses défauts sont la perfection ou les défauts du Jugement même.

---

(1) *Copula* signifie *lien*, *jonction*, et rend bien l'office du verbe dont on se sert pour indiquer l'union ou la désunion de l'attribut et du sujet.

Il n'est pas nécessaire de faire observer que, dans les deux exemples qui viennent d'être cités, les Sujets sont les mots *un tout* et *la vertu*; les Attributs, *plus grand que l'une de ses parties* et *l'homme heureux*; les Copules, *est* et *ne rend pas*: ces trois choses sont trop distinctes, pour que l'on puisse s'y tromper. Mais il est bon de remarquer que souvent elles se trouvent renfermées dans un seul mot : ainsi le mot latin *Sum*, *j'existe*, est une Proposition dans toutes les formes ; car il équivaut à ces trois mots séparés, *Ego sum existens*, *je suis existant*, dont le premier est *Sujet*, le second *Copule* et le troisième *Attribut*. *Amo*, *j'aime*, est encore une Proposition dont le développement est *ego sum amans*, *je suis aimant*, etc.

Si une Proposition n'a qu'un sujet et qu'un attribut, on l'appelle *simple*, comme celle-ci : *Dieu est juste*. Si elle a plusieurs sujets ou plusieurs attributs, ou plusieurs tant sujets qu'attributs, elle est *composée*; telles sont les suivantes : *Pierre et Paul sont discrets* : *Pierre est discret et gai* : *Pierre et Paul sont discrets et gais*.

La Proposition prend le nom de *complexe*, si, quoiqu'elle n'ait qu'un sujet et qu'un attribut, l'un des deux ou l'un et l'autre a quelque caractère, quelqu'addition qui le modifie ; telles sont ces deux-ci : *Dieu, dont la puissance est infinie, tira du néant l'univers ; L'avare, qui toujours est dans la crainte, ne jouit point de la paix, ce bien si précieux.* Or, chacune de ces Propositions en forme deux, dont l'une se nomme la *Proposition principale*, et l'autre la *Proposition incidente* (1). Ainsi, dans le premier exemple, le but est d'avancer que *Dieu a créé l'univers*, voilà la Proposition *principale*; et cet accessoire, *dont la puissance est infinie*, est la Proposition *incidente*. Dans le second exemple, l'intention est de dire que *l'avare ne jouit point de la paix*, et

(1) L'énergie de ce mot en a fait faire un verbe consacré à la Jurisprudence : car on dit en matière de procès *incidenter*, pour exprimer que l'on s'attache à des questions qui, sans être étrangères aux procès, n'en sont pourtant point la matière et le fonds; c'est ce que veut dire le verbe latin *incidere*, *survenir*.

les deux accessoires qui ont rapport à *l'avare* et à *la paix*, sont les Propositions *incidentes*.

Une Proposition peut être isolée ou comparée avec une autre. Si on ne fait attention qu'à elle seule, ses propriétés sont de pouvoir être 1°. *affirmative* ou *négative*, *vraie* ou *fausse*; et c'est ce que les Logiciens appellent *Qualité* de la Proposition : 2°. *universelle*, *particulière*, et *singulière*; c'est ce que l'on nomme *Quantité*. Si la Proposition se compare avec d'autres, il en peut résulter une certaine opposition qui les fait regarder comme *contradictoires* et *contraires*. Une explication courte et simple va faire disparoître toute la difficulté de ces termes techniques.

Une Proposition est universelle ou générale (les deux mots sont synonymes) lorsque son sujet s'entend de toute l'espèce dont il est membre. Par exemple, quand je dis, *tous les hommes sont méchans*, il est clair que je parle absolument de toute l'espèce humaine, et ma Proposition est *générale*. Elle deviendroit *particulière*, si j'y mettois une restriction telle que celle-ci, *quelques hommes sont méchans*; et alors je ne parlerois que d'une portion de l'espèce humaine plus ou moins grande, sans la déterminer. Enfin elle seroit *singulière*, si ma restriction étoit encore plus forte, et si je ne parlois que d'un seul homme en le nommant et disant : *Pierre est méchant.*

On reconnoît de plus une quatrième sorte de Proposition que l'on appelle *indéfinie*, parce qu'elle n'a point un caractère marqué de généralité comme les Propositions universelles, ou de restriction comme les particulières; mais les circonstances font aisément apercevoir à laquelle de ces deux elle doit se rapporter. Par exemple, cette Proposition, *Le cercle est rond*, est indéfinie et rigoureusement générale, parce qu'il est évident que l'on veut parler de *tous les cercles*, quoique le mot *tous* n'ait pas été ajouté. En voici une autre qui est encore générale, *Les jeunes gens sont volages*; mais elle n'est que moralement-générale, c'est-à-dire, qu'elle souffre quelques exceptions. Cette troisième, *Les soldats mirent sur la tête du Sauveur une couronne d'épines*, est particulière; car sûrement la même action ne pouvoit pas être faite par tous les soldats, mais seulement par quelques-uns de la cohorte. Enfin il peut arriver qu'une Proposition indéfinie ne se rapporte ni aux universelles ni aux particulières, mais qu'elle soit singulière ; comme si je dis : *Les Romains détruisirent les Carthaginois*. Et pourquoi? C'est que je ne parle ni de *tous les Citoyens Romains*, ni de *quelques Citoyens Romains*, mais du *Peuple Romain* ; et l'on sait que tout *Peuple*, tout *Corps*, toute *Communauté*, forme une personne morale qui parle, qui agit, qui combat par ses sujets.

Deux Propositions sont opposées, quand ce que l'une avance, l'autre le réfute dans la même intention et sous le même rapport. Si la seconde ne dit précisément que ce qu'il faut dire pour détruire la première, on les appelle *contradictoires* ; et lorsqu'elle en dit plus qu'il n'en est besoin, on les nomme *contraires*. Ainsi les Propositions suivantes sont contradictoires : *Tous les hommes sont vertueux*, *Quelque homme n'est pas vertueux* : *Tous les Français sont braves*, *Quelque Fran-*

çais n'est pas brave : Le temps est beau, Le temps n'est pas beau : Il fait chaud, Il ne fait pas chaud : Socrate étoit un grand homme, Socrate n'étoit pas un grand homme, etc. On voit que, de deux en deux, les premières de ces Propositions affirment tel ou tel rapport, et que les secondes le nient positivement, mais sans avancer autre chose que ce qui est absolument nécessaire pour en démontrer la fausseté.

Voici maintenant des Propositions contraires : *Tous les hommes sont vertueux, Nul homme n'est vertueux : Tous les Français sont braves, Nul Français n'est brave : Le temps est beau, Le temps est horrible : Il fait chaud, Il fait froid : Socrate étoit un grand homme, Socrate étoit un homme méprisable,* etc. On saisit, au premier coup d'œil, la différence de ces Propositions et des Propositions précédentes. Celles-là ne disoient que ce qu'il falloit pour décider le contraste : celles-ci enchérissent l'une sur l'autre et forcent l'opposition. Elles présentent deux excès contraires, et détruisent l'un par l'autre. Aussi qu'arrive-t-il ? C'est que deux Propositions contraires se trouvent souvent fausses, quoique jamais elles ne puissent être vraies ensemble ; au lieu que les Propositions contradictoires ne sont dans aucune occasion vraies ou fausses en même temps. La raison en est palpable : les contradictoires sont le *oui* et le *non*, il n'y a pas de milieu ; mais les contraires sont souvent toutes deux outrées, et par-là même elles admettent une Proposition mitoyenne qui, en assignant la vérité, les rend fausses. Par exemple, avance-t-on ces deux Propositions, *Le temps est beau*, *Le temps n'est pas beau*, je n'y vois pas de milieu, parce qu'elles sont contradictoires ; et si l'une des deux est vraie, l'autre qui la réfute est absolument fausse. Mais profère-t-on les deux suivantes, *Le temps est beau*, *Le temps est affreux*, elles sont toutes deux forcées, et l'on peut trouver entr'elles un milieu, savoir cette troisième Proposition que les Logiciens nomment *falsifiante : Le temps est passable :* ainsi le temps n'est ni beau ni affreux, et les deux contraires se trouvent fausses. Combien de personnes font sur cet article des fautes impardonnables, non-seulement dans les conversations familières et les disputes académiques, mais même dans le commerce civil et la pratique ordinaire de la vie !

Remarquons, pour terminer ce Chapitre, 1°. que le mot d'une Langue qui exprime une idée, s'appelle en Logique un *Terme*, et que, par conséquent, il y a trois termes dans toute Proposition ; l'idée du *Sujet*, l'idée de l'*Attribut*, et le *Rapport* de l'un à l'autre, que l'on exprime par autant de mots ; 2°. que l'attribut d'une Proposition affirmative a un sens particulier, et que celui d'une Proposition négative a une signification générale. Ce second article demande un peu plus de détail. Soit donc cette Proposition affirmative, *L'homme est un animal.* Quel en est le sens ? Sûrement on ne veut pas dire que l'homme soit un animal quelconque, un cheval, un bœuf, etc. mais qu'il est un animal d'une certaine espèce : l'attribut *animal* est donc pris d'une façon particulière, et sa restriction est sensible. Soit cette autre proposition négative, *L'homme n'est pas une pierre.* Y auroit-il ici de la restriction, et voudroit-on dire seulement que l'homme n'est pas d'une certaine classe de pierres? Non, sans doute; on prétend avancer qu'il n'est aucune pierre possible, et qu'il ne peut être confondu avec cette substance dans aucun genre : l'attribut *pierre* est donc exclus du sujet sans réserve, et conséquemment est général.

Toutes ces notions paroîtront peut-être un peu abstraites et voisines de ce jargon barbare que l'on reproche à la Logique; mais elles sont indispensables, et je crois qu'on ne peut les présenter sous un jour plus pur. Au reste, ce petit sacrifice qu'exige l'attention va nous procurer le plaisir de suivre toutes les règles du *Raisonnement* sans peine, sans dégoût, et surtout sans le désagrément ou de supposer des conditions inconnues, ou de s'en instruire à mesure que l'on avance; car c'est alors marcher à tâtons ou doubler la fatigue pour l'avoir retardée, comme fait un voyageur qui, sans guide et sans carte, ignorant la route qu'il doit tenir, se voit à chaque pas obligé de quitter son chemin, pour aller s'informer de celui qu'il doit prendre.

CHAPITRE III.

DU RAISONNEMENT.

DISCOURIR ou *raisonner* sont deux mots synonymes et l'expression naturelle de la marche de l'esprit humain. Nous avons des idées dont la liaison ou l'incompatibilité forment pour notre âme une première étude d'où naît le jugement : mais nos jugemens peuvent être, comme nous l'avons observé, vrais ou faux, clairs ou obscurs, bien ou mal fondés. Ils sont la source de toutes les vérités aussi bien que de toutes nos erreurs ; et ce n'est qu'en les rapprochant, en les comparant, que nous découvrons ce qu'ils ont de commun et ce qu'ils ont de disparate, ce qu'ils ont de vrai et ce qu'ils ont de faux ; c'est là *discourir* ou *raisonner*. Nous *discourons*, puisque nous passons d'un jugement à un autre (1) ; nous *raisonnons*, puisque nous établissons entre nos jugemens un rapport et, comme disent les Géomètres, une *raison* (2). Si nos lumières n'étoient bornées ; si, à l'exemple de l'Être suprême, nous saisissions d'un coup d'œil l'ensemble des objets et de leurs propriétés, nous n'aurions point recours à cette marche pénible, à ces comparaisons qui sont une preuve de notre foiblesse ; nous ne serions pas forcés de passer d'un terme plus connu à un terme moins connu. Mais notre nature est resserrée par de si étroites limites, que nous n'acquérons aucunes connoissances à moins que nous ne les dégagions les unes des autres, que nous ne les arrachions, en quelque sorte, par l'attention, l'étude et le travail. Nous portons sur l'étendue des corps

---

(1) Nous passons d'un jugement à un autre, comme nous passerions d'un appartement à un autre appartement pour en voir les communications ; ce sens n'est-il pas rendu par le verbe latin *discurrere*, *discourir*, *courir d'une chose à une autre ?*

(2) *Ratio*, en latin, ne veut-il pas dire *comparaison*, *rapport*, *mesure ?*

une mesure déterminée, parce que nous n'en pouvons fixer la grandeur à la seule estimation de l'œil; nous mesurons aussi par le raisonnement les objets intellectuels, en les confrontant avec un terme commun et en leur appliquant des rapports déjà connus.

Cette action de notre âme qui s'appelle *Raisonnement*, tant qu'elle est intérieure et mentale, prend le nom d'*Argumentation*, dès qu'elle vient à se produire au dehors par des propositions liées les unes aux autres et disposées dans un certain ordre. Il est malheureux que les mots d'*Argument* et d'*Argumentation*, ayent tiré des écoles un vernis de pédanterie et de verbiage dont ils sont encore flétris; c'est l'effet des sophismes, des disputes, des ridicules subtilités, des impertinentes chicanes auxquelles se sont livrés des sots et des ignorans, qui n'avoient point d'autre moyen pour imposer à la multitude et se donner la réputation de Philosophes: mais il n'en est pas moins incontestable que l'*Argumentation* bien maniée, c'est-à-dire, traitée avec noblesse, avec force, et même avec un feu inséparable des matières intéressantes, est un exercice de la plus grande utilité. Comment un Jurisconsulte pourra-t-il débrouiller le chaos des Lois et des Coutumes humaines, s'il ne sait argumenter? Comment un Avocat défendra-t-il une cause, s'il ne fait valoir les droits de son client, s'il ne le venge des accusations de l'adversaire, s'il ne diminue ses torts, si enfin il ne tire parti de toutes les circonstances pour faire triompher les preuves qu'il établit, soit par leur propre force, soit par la foiblesse de celles qu'on leur oppose? et profitera-t-il de tous ces moyens s'il ignore l'art de l'Argumentation, ou si jamais il n'y fut exercé? Je ne parle point de ceux que leur vocation destine aux combats de la Théologie, parce qu'il est constant que l'argumentation et même la connoissance de toutes les subtilités de la Méthaphysique est pour eux de première nécessité. Mais je m'adresse à ces jeunes athlètes que l'amour de la gloire entraîne vers le Barreau, et qu'une noble émulation porte à développer dans cette brillante carrière tous les talens dont les a pourvus la nature; je m'adresse à ces victimes volontaires du travail et de l'ennui, qui, sans défendre par leur éloquence les droits de leurs concitoyens, se confinent et s'ensevelissent pour les étudier et les éclaircir, dans un obscur cabinet que tout homme pacifique peut, avec raison, appeler l'*antre ténébreux de la chicane*. J'ose leur reprocher une coupable négligence et leur dire les tristes vérités que vingt ans d'expérience m'ont apprises. Oui, mille fois j'ai gémi de voir un jeune homme s'élancer de la classe de Rhétorique dans le sanctuaire de la justice ou dans l'étude d'un Jurisconsulte; sans autre ressource que plus ou moins d'esprit naturel, que plus ou moins de rectitude dans le jugement et de cette pénétration que demandent les affaires civiles pour être traitées avec une certaine routine, une espèce d'habitude et d'instinct aujourd'hui très-ordinaires. Il redoute, disons mieux, il méprise ce qu'on appelle *Philosophie*; quelques mauvais sarcasmes sortis de la bouche d'un faux bel-esprit, d'un froid plaisant, sont des oracles qu'il se plaît à répéter , et qui décident du sort d'une science qu'il n'entend point. Il est trop heureux de la laisser dans le fond du Collége dont il vient de s'échapper ; il va désormais employer à de précieuses lectures les rapides loisirs qu'il pourra dérober aux importunes sollicitations de ses cliens : les livres le formeront assez ; ses réflexions lui en apprendront plus que tous les syllogismes de la Logique; eh! d'ailleurs les conversations? Rien n'est si instructif. Sans doute, voilà le langage de la paresse, de l'ignorance et de la futilité; voilà comme l'on tronque une éducation; voilà comme des hommes dont on pouvoit espérer de grandes choses, ne sont formés qu'à demi et restent toute leur vie dans une médiocrité qui ne peut se pallier que par les richesses ; car enfin, que peut répondre notre jeune Maître ès lois et coutumes aux questions qu'on va lui faire? Les Mémoires que vous êtes chargé de rédiger demandent-ils les ornemens de l'éloquence, les charmes du style et les grandes images de nos poètes et de nos orateurs? Non communément; et s'il en étoit besoin, les règles sévères du

Raisonnement ne seroient sans doute pas inutiles pour en faire une juste et sage application. Veulent-ils être traités comme l'étoient les plaidoyers de Cicéron? Hélas! vous ignorez donc quel art il vous faudroit? Mais au moins n'exigent-ils pas de la critique, de la discussion? Toutes les circonstances de temps, de lieu, de personnes qui caractérisent une action, sont-elles toujours évidentes? Les lois sont-elles toujours claires? En un mot, les questions et de droit et de fait ne présentent-elles pas des rapports à distinguer, des doutes à lever, les plus grandes difficultés à résoudre? Or, les résoudrez-vous ces difficultés, les dissiperez-vous ces doutes, les saisirez-vous ces rapports, si vous n'employez toute la rigueur de la dialectique? Et en êtes-vous capable? Vous êtes-vous exercé à raisonner avec méthode, à élaguer toutes les conditions inutiles qui ne font qu'embrouiller une question, à démêler toutes les conditions essentielles qui servent à l'éclaircir, à découvrir une vérité par la fausseté de sa contradictoire, à dénouer le tissu trompeur d'un sophisme? Vous auriez cependant tous ces avantages, si de vains préjugés contre la *Philosophie* des classes, ou des dégoûts qui tiennent à l'âge et qu'il falloit vaincre, ne vous eussent détourné de l'étude et des exercices de l'argumentation. Vous avez de la pénétration, mais vous auriez plus d'énergie ; vous avez du jugement, mais vous auriez plus de justesse ; vous auriez corrigé ce luxe qui vous fait prendre des phrases pour des choses ; vous auriez modéré cette abondance qui vous éloigne de la précision et de la clarté ; vous ne seriez point sec et aride, mais vous seriez net, exact et sage. Cependant vous n'en êtes encore qu'à vos premières armes ; que sera-ce donc lorsque, connoissant tous les détours du labyrinthe des lois, et familiarisé, par une longue étude, avec toutes leurs sinuosités, vous prendrez en main, sur un théâtre éclatant, la défense de l'orphelin et de la veuve, de l'innocent et du malheureux? Que sera-ce, quand le bonheur ou le désespoir d'une famille dépendra de la force de vos raisonnemens, de l'exposition de vos moyens, de la teneur de vos preuves, et de la vigueur de vos conclusions ? Que sera-ce enfin, lorsque, chargé de ces causes délicates où le respect ordonne de venger une partie en ménageant l'autre, vous craindrez, je ne dis pas d'accabler, mais même de blesser celle dont vous méditerez la condamnation ? De quel art n'aurez-vous pas besoin dans des occasions si critiques ! Et pensez-vous que l'heureux souvenir d'une Logique autrefois bien faite ne vous donnera pas le plus grand avantage ? Une profonde connoissance du Digeste et du Code, vous fournira toutes vos raisons : une bonne littérature vous aura procuré la pureté du goût, le choix de l'expression, le brillant du coloris, la hardiesse des images, j'en conviens ; mais ce ne sont là que des matériaux, et il faut savoir les employer. Et si vous ne discernez adroitement les raisons ; si vous ne prouvez assez, ou si vous prouvez trop ; si vous êtes élégant, quand il faudroit que vous fussiez véhément, même avec des négligences ; si vous prodiguez les grandes images, quand vous devez être simple ; si enfin vous n'avez une parfaite intelligence des à-propos, serez-vous éloquent? Ferez-vous sur ceux qui vous écoutent l'impression que vous désiriez, et que sembloient vous promettre vos talens? Serez-vous enfin ce célèbre avocat dont le nom fait la terreur ou l'espérance de quiconque attend ses décisions? Or, quel autre art que la Logique peut vous donner ce discernement et cette intelligence? Je le démontrerois, si tout ce que j'ai dit jusqu'ici, n'en étoit une preuve évidente.

Je demande pardon de la digression que je viens de faire, mais je l'ai crue nécessaire; et qu'il me soit permis d'ajouter que ce n'est point seulement à la paresse naturelle des jeunes-gens qu'il faut s'en prendre, mais encore, et peut-être beaucoup plus, à l'incurie et à la précipitation des pères: car, hélas! une triste expérience ne nous le fait que trop sentir tous les jours. Les uns, foibles et criminellement indifférens, n'exigent de leurs enfans que la forme et l'apparence de l'éducation, comme si c'étoit une habitude attachée au rang et à la fortune: les autres, par un égoïsme plus criminel encore et plus funeste que l'indifférence, ne voient pas seulement dans l'éducation un de ces usages *dont un honnête homme ne peut se dispenser*; ils y trouvent une plus grande tranquillité pour eux et moins *d'embarras dans leur maison* : d'autres enfin, et c'est malheureusement le plus grand nombre, se plaignent que les études sont *trop longues*, c'est-à-dire contraires aux vues ambitieuses de la fortune, aux honteux calculs de l'intérêt, à tous ces vastes projets d'établissement souvent aussi injustes que vains et méprisables. « Mon fils est grand, il lui faut un état; il » est temps de le former pour le monde; » il aura, dans deux ans, de l'expérience, » il connoîtra les affaires, il.... ». Achevez, pères cruels; étouffez de vos propres mains le germe précieux des heureuses dispositions de vos enfans; détruisez l'ouvrage de leur bonheur et du vôtre; mutilez ces jeunes plantes, sur lesquelles la société, votre famille, vous-même, tout enfin, pouvoit fonder ses espérances; anéantissez, par une barbare anticipation, tous les fruits que devoient faire éclore quelques années de plus de culture et de soins; ou plutôt rappelez-vous cette terrible leçon que donnoit DESPRÉAUX à son siècle, et qui convient bien plus au vôtre :

« . . . . Dans le siècle où nous sommes,
» Est-ce au pied du savoir qu'on mesure les hommes ?
» Veux-tu voir tous les grands à ta porte courir ?
» Dit un père à son fils dont le poil va fleurir ;
» Prends-moi le bon parti : laisse là tous les livres.
» Cent francs, au denier cinq, combien font-ils ? Vingt livres.
» C'est bien dit : vas, tu sais tout ce qu'il faut savoir.
» Que de biens, que d'honneurs sur toi s'en vont pleuvoir !
» Exerce-toi, mon fils, dans ces hautes sciences.
» Prends, au lieu d'un Platon, le guidon des Finances.
» . . . .
» *Quiconque est riche est tout* ».

Mais cessons de nous élever contre ces abus : ils sont connus, ils sont de tous les temps, et nous ne les réformerons point. Revenons donc aux lois de l'Argumentation, et craignons d'en être pris pour de pédans apologistes. Écartons les fâcheuses acceptions du mot, et ne cherchons que ce qu'il y a dans la chose d'essentiel, de solide et de raisonnable ; nous verrons bientôt que la matière est du plus grand intérêt, et que, purgée du levain qu'y mêla l'ignorance, elle doit fixer toute l'attention d'un jeune Rhétoricien.

Pour la présenter sous le point de vue que demande notre objet, nous distinguerons deux sortes de Raisonnemens; l'un *Logique*, et l'autre *Oratoire* : l'un, considéré dans la sécheresse de ses règles, dans sa facture, dans son anatomie; l'autre, revêtu de toutes les parures de l'Éloquence : l'un, présenté comme un squelette dont les ossemens sont fidèlement rapportés et liés avec exactitude; l'autre, animé comme un beau corps dont les chairs fraîches et délicates laissent entrevoir des muscles vigoureux, des formes fières, des traits hardis, mais où tout est agréablement fondu dans la douceur des contours et dans un heureux mélange des couleurs : en un mot, nous allons envisager le Raisonnement comme une machine qui, sous des dehors brillans, cache des ressorts qu'il faut étudier. La Logique en démontre le mécanisme, et la Rhétorique en prépare les décorations.

ESPÈCES, RÈGLES ET FORMES
DU RAISONNEMENT.

Dans quelque Raisonnement que ce soit, il faut distinguer soigneusement l'*Antécédent*, le *Conséquent*, et la *Conséquence*. L'Antécédent est le principe que l'on met en avant, et ce peut être une seule ou plusieurs propositions. Le Conséquent est la proposition que l'on déduit du principe ; et la Conséquence est la manière juste ou fausse dont le Conséquent est tiré de l'Antécédent : elle se désigne par le mot *Donc* et ses synonymes.

Entre la Conséquence et le Conséquent la différence est grande, on ne peut trop la faire sentir. Le Conséquent est la proposition qui s'engendre de tout ce que l'on avance, mais isolée, vue en elle-même et sans aucun rapport avec ce qui précède. La Conséquence est cette même proposition prise comme suite plus ou moins naturelle, comme écoulement plus ou moins facile, plus ou moins nécessaire du principe avancé. Le Conséquent est ce que l'on conclut; la Conséquence est le droit de le conclure. Enfin, pour dernière preuve de la différence dont nous parlons, la Conséquence peut être bonne tandis que le Conséquent est faux, ou mauvaise lors même que le Conséquent est de la plus exacte vérité. Par exemple, dans le Raisonnement suivant :

La matière pense, donc elle peut être heureuse,

le Conséquent est faux, et la Conséquence excellente. D'abord, le Conséquent est faux; car où se trouve-t-il? dans cette proposition, *La matière peut être heureuse*. Or, personne n'ignore que la matière est un être absolument passif, insensible, incapable d'aucune impression spirituelle, et partant d'aucun sentiment de bonheur. Mais la Conséquence est fort bien tirée; car elle dit que *la matière peut être heureuse*, si, comme le suppose l'Antécédent, elle *pense*. Les affections du bonheur

heur sont l'effet de la pensée : on accorde la pensée à la matière ; n'est-il pas juste d'en conclure qu'elle peut éprouver le bonheur ? Il est vrai qu'on a tort de supposer la pensée à la matière ; aussi ne peut-elle ressentir aucune impression de félicité, et ce Conséquent, *La matière peut être heureuse*, se trouve faux.

Un autre exemple non moins frappant va vous faire voir que le Conséquent peut être vrai, quand la Conséquence est fausse.

Pierre est un animal ; donc il est homme.

Ici, quel est l'Antécédent ou le principe ? C'est la proposition, *Pierre est un animal.* Quel est le Conséquent ? C'est cette seconde proposition, *Il est homme.* Et la Conséquence ? *Donc il est homme :* c'est-à-dire, *De ce qu'il est animal, il s'ensuit qu'il est homme ;* or, le Conséquent *Pierre est homme*, est essentiellement vrai en soi. Mais est-ce parce qu'il est *animal* qu'il est *homme ?* nullement. La Conséquence est donc fausse.

Concluons-en que l'on peut très-bien raisonner en n'avançant que des erreurs ;

ou raisonner fort mal, en ne proférant que des vérités incontestables. On raisonne bien, si toutes les Conséquences que l'on tire émanent du principe que l'on a posé : on raisonne mal, si, n'établît-on que des axiomes (1), ils ne sont point des Conséquences, mais autant de vérités isolées et neutres qui n'ont aucun rapport avec le principe d'où l'on est parti. L'intérêt, les préjugés, les passions peuvent aveugler l'esprit le plus solide, et lui faire prendre pour principe évident ce qui n'est qu'un faux point de vue ; et malheureusement, si l'illusion est longue, mieux il raisonnera, plus il soutiendra de faussetés. Il épuisera toutes les conséquences par sa pénétration ; et quoique directes, naturelles, nécessaires, elles seront toutes autant de propositions absurdes, dangereuses, horribles, selon la nature du principe d'où elles découlent. Un autre prendra pour

---

(1) Un *Axiome* est une vérité que personne ne conteste, et qui sert de base dans un discours. En grec, Ἀξίωμα, *Axiôma*, venant de Ἄξιος, *Axios*, signifie *dignité*, *autorité*, *majesté*.

base une vérité reconnue de tout le monde, mais il n'en verra point la liaison avec ce qu'il ajoute, ou plutôt il y verra une liaison qui jamais n'y fut ; et il ira de proposition en proposition, de sentences en sentences, d'oracles en oracles, sans s'apercevoir que ce n'est point une chaîne dont il parcoure les anneaux. L'impression de vérité, de clarté, d'évidence, dont le frappe ce qu'il soutient, l'anime, l'échauffe, l'enflamme ; et il est tout surpris d'entendre, à la fin de ses prétendues démonstrations, un témoin tranquille, un juge impartial, lui dire : Vous avez bien parlé, mais vous avez mal conclu ; vous avez pris pour cause ce qui ne l'étoit point ; vous n'avez rien prouvé ; vous n'avez pas raisonné.

Que d'hommes, dans tous les états, sont des raisonneurs impitoyables, qui nous accablent de *donc*, de *par conséquent*, en outrageant le sens commun et la droite raison ! Ne voyons-nous pas tous les jours de ces *disputeurs* furieux, être du même sentiment et prêts à s'entre-déchirer ? Ils s'attaquent, sans fixer l'état de la question ; ils se battent avec les premières armes qui se présentent, ils ne font aucun choix des moyens; et cette escrime adroite, qu'on appelle *Forme* de l'Argumentation, ne fait que rendre leur combat plus long, plus opiniâtre et plus cruel : l'épuisement les sépare, et souvent dans le repos de la trève, ils reconnoissent avec confusion qu'un seul mot les eût mis d'accord. On ne peut trop prévenir les jeunes gens contre ces abus aussi pernicieux que fréquens de la Dialectique. Qu'ils s'appliquent donc, avec tout le soin dont ils sont capables, à s'assurer, dans leurs raisonnemens, de la bonté du principe qu'ils établissent et de la justesse des conséquences qu'ils en déduisent. Si la conséquence est une suite nécessaire du principe avancé, et si ce qu'elle renferme est faux, c'est une preuve que le principe étoit mauvais; et il faut alors, sans en rougir, revenir sur ses pas : la honte est de s'égarer, et non de corriger ses erreurs.

Munis de ces notions simples et faciles, faisons maintenant l'analyse des différentes espèces de Raisonnement que propose la Logique. On en compte sept, qui sont : l'*Induction*, le *Sorite*, l'*Exemple*, le

Dilemme, l'*Épichérème*, l'*Enthymèmé*, et le *Syllogisme*.

DE L'INDUCTION.

Le mot même d'*Induction* annonce la nature de cette première sorte de Raisonnement, et indique qu'il faut amener et recueillir plusieurs parties dont on fasse un tout : c'est en effet la structure logique de l'Induction. Elle consiste à rassembler des Propositions singulières, de l'union desquelles résulte une Conclusion générale. Par exemple, veux-je prouver que tout n'est que vanité sur la terre ? Je dirai :

La santé n'est que vanité,
La vie n'est que vanité,
La gloire n'est que vanité,
Les grâces ne sont que vanité,
Les plaisirs ne sont que vanité,
Les richesses ne sont que vanité,
Donc tout n'est que vanité.

On voit toutes les Propositions singulières

concourir à former un ensemble frappant, qui ne peut être terminé que par une Proposition universelle dont la vérité dépend des vérités partielles qui la précèdent. C'est une énumération dont l'exactitude fait la perfection du Raisonnement; et l'on n'a droit de conclure en grand, que quand on a rapproché toutes les particularités nécessaires. Mais ici le rapprochement s'est fait d'une manière stricte et sèche, telle que l'exige le précepte : voyons donc comment les bons Auteurs savent l'embellir et le couvrir de fleurs, sans altérer sa force. C'est ainsi que s'exprime BOSSUET dans son *Oraison funèbre de MADAME, Duchesse d'Orléans :*

« Non, après ce que nous venons de voir, la » santé n'est qu'un nom, la vie n'est qu'un songe, » la gloire n'est qu'une apparence, les grâces et » les plaisirs ne sont qu'un dangereux amusement: » tout est vain en nous, excepté le sincère aveu » que nous faisons devant Dieu de nos vanités, » et le jugement arrêté qui nous fait mépriser » tout ce que nous sommes ».

Comment prouve-t-il encore, dans son *Oraison funèbre de MARIE - THÉRÈSE d'Autriche*, qu'un vrai Chrétien *meurt tous les jours*, selon le langage de l'Apôtre ? Écoutons-le :

« Un chrétien n'est jamais vivant sur la terre, » parce qu'il y est toujours mortifié, et que la » mortification est un essai, un apprentissage, » un commencement de la mort. Vivons-nous, » chrétiens, vivons-nous ? Cet âge que nous » comptons, et où tout ce que nous comptons » n'est plus à nous, est-ce une vie ? et pouvons- » nous n'apercevoir pas ce que nous perdons sans » cesse avec les années ? Le repos et la nourri- » ture ne sont-ils pas de foibles remèdes de la con- » tinuelle maladie qui nous travaille ? Et celle » que nous appelons la dernière, qu'est-ce autre » chose, à le bien entendre, qu'un redoublement » et comme le dernier accès du mal que nous ap- » portons en naissant » ?

Quelle noblesse ! quelle force ! Comme tout respire la vigueur et la grâce dans cette belle *Induction* ! Avec quel art les règles n'y sont-elles pas cachées ! Essayons de les reconnoître, et nous en serons convaincus. Nous dirions avec la rigueur logique :

Un chrétien se mortifie tous les jours, et c'est mourir ;

Un chrétien voit tous les jours que tout ce qu'il compte n'est plus à lui, et c'est mourir ;
Un chrétien sent tous les jours ce qu'il perd avec les années, et c'est mourir ;
Un chrétien est dans une maladie continuelle, et c'est tous les jours mourir ;
Un chrétien ne termine sa vie que par un redoublement du mal qu'il apporte en naissant, et c'est tous les jours être mort ;
Donc un chrétien meurt tous les jours.

Le Raisonnement est sans doute le même, mais quelle différence dans la couleur !

RACINE, dans la Tragédie d'*Athalie*, Acte I, Scène I, orne de toute la pompe de la poésie l'*Induction* par laquelle *Abner*, justifiant ses noirs pressentimens, représente au Grand-Prêtre *Joad* tous les dangers que court ce Ministre des autels.

ABNER.

« Pensez-vous être saint et juste impunément?
» Dès long-temps elle hait cette fermeté rare
» Qui rehausse en Joad l'éclat de la tiare :
» Dès long-temps votre amour pour la religion
» Est traité de révolte et de sédition.
» Du mérite éclatant cette reine jalouse,
» Hait surtout Josabet votre fidèle épouse :

» Si du grand-prêtre Aaron Joad est successeur,
» De notre dernier roi Josabet est la sœur.
» Mathan, d'ailleurs, Mathan, ce prêtre sacrilége,
» Plus méchant qu'Athalie, à toute heure l'assiége,
» Mathan, de nos autels infâme déserteur,
» Et de toute vertu zélé persécuteur.
» C'est peu que, le front ceint d'une mitre étrangère,
» Ce Lévite à Baal prête son ministère;
» Ce temple l'importune, et son impiété
» Voudroit anéantir le Dieu qu'il a quitté.
» Pour vous perdre il n'est point de ressorts qu'il n'invente:
» Quelquefois il vous plaint, souvent même il vous vante;
» Il affecte pour vous une fausse douceur;
» Et, par-là, de son fiel colorant la noirceur,
» Tantôt à cette reine il vous peint redoutable;
» Tantôt, voyant pour l'or sa soif insatiable,
» Il lui feint qu'en un lieu que vous seul connoissez
» Vous cachez des trésors par David amassés.
» Enfin, depuis deux jours la superbe Athalie
» Dans un sombre chagrin paroît ensevelie.
» Je l'observois hier, et je voyois ses yeux
» Lancer sur le lieu saint des regards furieux;
» Comme si, dans le fond de ce vaste édifice,
» Dieu cachoit un vengeur armé pour son supplice.
» Croyez-moi, plus j'y pense et moins je puis douter
» *Que sur vous son courroux ne soit prêt d'éclater;*

» *Et que de Jésabel la fille sanguinaire*
» *Ne vienne attaquer Dieu jusqu'en son sanctuaire* ».

Dans la même Scène, Joad blâme avec une majesté vraiment divine le peu de confiance qu'a le peuple en son Dieu; et il rassemble par une éclatante *Induction* tous les prodiges dont ce peuple devroit être frappé.

JOAD.

« Et quel temps fut jamais si fertile en miracles?
» Quand Dieu par plus d'effets montra-t-il son pouvoir?
» Auras-tu donc toujours des yeux pour ne point voir,
» Peuple ingrat? Quoi! toujours les plus grandes merveilles
» Sans ébranler ton cœur frapperont tes oreilles?
» Faut-il, Abner, faut-il vous rappeler le cours
» Des prodiges fameux accomplis de nos jours:
» Des tyrans d'Israël les célèbres disgrâces,
» Et Dieu trouvé fidèle en toutes ses menaces;
» L'impie Achab détruit, et de son sang trempé
» Le champ que par le meurtre il avoit usurpé;
» Près de ce champ fatal Jésabel immolée;
» Sous les pieds des chevaux cette reine foulée;
» Dans son sang inhumain les chiens désaltérés,
» Et de son corps hideux les membres déchirés;

» Des prophètes menteurs la troupe confondue,
» Et la flamme du ciel sur l'autel descendue;
» Elie aux élémens parlant en souverain,
» Les cieux par lui fermés et devenus d'airain,
» Et la terre trois ans sans pluie et sans rosée;
» Les morts se ranimant à la voix d'Elisée?
» *Reconnoissez, Abner, à ces traits éclatans*
» *Un Dieu tel aujourd'hui qu'il fut dans tous les temps.*
» *Il sait, quand il lui plaît, faire éclater sa gloire;*
» *Et son peuple est toujours présent à sa mémoire* ».

C'est encore par une *Induction* et une *Répétition* pleines de noblesse et de force, que Joad (Scène II) répond à Josabet :

« Et comptez-vous pour rien Dieu qui combat pour nous?
» Dieu qui de l'orphelin protége l'innocence,
» Et fait dans la foiblesse éclater sa puissance.
» Dieu qui hait les tyrans, et qui dans Israël
» Jura d'exterminer Achab et Jésabel;
» Dieu qui, frappant Joram, le mari de leur fille,
» A jusque sur son fils poursuivi leur famille;
» Dieu dont le bras vengeur, pour un temps suspendu,
» Sur cette race impie est toujours étendu »?

Rien n'est comparable à ces magnifiques développemens, si ce n'est la peinture des malheurs causés à Troie par Pyrrhus, qu'Andromaque retrace et oppose aux conseils de Céphise.

ANDROMAQUE.

« Dois-je oublier Hector privé de funérailles,
» Et traîné sans honneur autour de nos murailles?
» Dois-je oublier son père à mes pieds renversé,
» Ensanglantant l'autel qu'il tenoit embrassé?
» Songe, songe, Céphise, à cette nuit cruelle,
» Qui fut pour tout un peuple une nuit éternelle.
» Figure toi Pyrrhus, les yeux étincelans,
» Entrant à la lueur de nos palais brûlans;
» Sur tous mes frères morts se faisant un passage,
» Et, de sang tout couvert, échauffant le carnage.
» Songe aux cris des vainqueurs, songe aux cris des mourans,
» Dans la flamme étouffés, sous le fer expirans.
» Peins toi dans ces horreurs Andromaque éperdue :
» Voilà comme Pyrrhus vint s'offrir à ma vue;
» Voilà par quels exploits il sut se couronner;
» Enfin, voilà l'époux que tu me veux donner.
» *Non, je ne serai point complice de ses crimes.*
» *Qu'il nous prenne, s'il veut, pour dernières victimes;*
» Tous mes ressentimens lui seroient asservis!... ».

*Trag. d'*ANDROM., *acte* III, *scène* VIII.

Il seroit, je ne dirai pas inutile, mais abusif et criminel, de traduire en langage de Dialectique ces riches morceaux de la plus sublime éloquence. La marche des *propositions* y est si méthodique et si lumineuse, qu'elle frappe les yeux de l'homme le moins attentif; aussi me suis-je contenté d'en indiquer les *conclusions* par la seule différence des caractères.

Ces grandes images, ces tableaux imposans, nous engagent à remonter jusqu'à Sophocle, dont les écrits ont été si fortement médités par Racine.

C'est ainsi que, sur le Théâtre d'Athènes, cet illustre Poète, dans sa Tragédie d'*OEdipe Roi*, exprimoit les malheurs de Thèbes :

LE GRAND-PRÊTRE, *à OEdipe.*

« O vous, qui régnez sur ma patrie, OEdipe, » voyez combien de citoyens de tout âge, prosternés devant vos autels, les uns dans l'enfance » et se traînant encore à peine, les autres » dans la force de la jeunesse. Regardez ces vieillards, qui sont les pontifes des Dieux; et moi, » qui suis grand-prêtre de Jupiter. Le reste des » Thébains, tenant en main les rameaux des sup-

» plians, est prosterné dans la place publique,
» ou aux deux temples de Pallas, ou sur la cendre
» prophétique de l'Isménus. Vous le voyez,
» OEdipe, cette ville trop long-temps en butte
» aux fureurs de l'orage, ne peut plus lever sa
» tête au-dessus des flots ensanglantés qui la sub-
» mergent. Les germes des fruits de la terre s'y
» dessèchent dans les calices des fleurs, les trou-
» peaux y périssent, et les femmes y voient avorter
» les gages de leur fécondité. Un Dieu cruel
» armé de feux, une effroyable contagion est
» venue fondre sur cette ville, et change en un
» désert l'antique demeure des enfans de Cadmus.
» Le noir Erèbe s'enrichit de nos gémissemens et
» de nos pleurs........ ».

Depuis le vers 14 jusqu'au vers 30.

Traduct. de M. DE ROCHEFORT.

Cette *Induction* est encore fortifiée par le Chœur, quelques pages après :

« .... Digne sang de Jupiter, ô Minerve, c'est
» vous que j'invoque la première; vous aussi,
» Diane, sa sœur, vous qui aimez à visiter la
» terre, et vous asseyez sur un trône glorieux
» dans l'enceinte de la place de Thèbes; et vous,
» Apollon, savant dans l'art de lancer vos traits,
» hélas! hélas! venez tous trois à mon secours.
» Si jadis, quand d'autres fléaux vinrent fondre
» sur cette ville, vous avez repoussé loin de nous

» le feu de la contagion, venez aujourd'hui, » Dieux secourables ! Les peines que je souffre » ne sauroient se compter. Tout ce peuple languit » et succombe. Les ressources de l'art sont épui- » sées, et ne peuvent plus offrir de remède à » nos maux. Les germes des fruits sont devenus » stériles, les femmes ne supportent plus les dou- » leurs de l'enfantement. Plus prompte que l'oi- » seau rapide, plus destructive que le feu dévo- » rant, la mort précipite nos citoyens, l'un après » l'autre, vers le rivage du Dieu des Enfers. » Thèbes chaque jour périt par d'innombrables » coups. Les enfans (cruelle image !) demeurent » étendus sans pitié sur ce sol, théâtre de la mort. » Loin d'eux, les femmes, et les mères dont le » front est couvert de cheveux blancs, gémissent » aux pieds des autels, et demandent la fin de » leurs peines. Les hymnes plaintifs, les gémisse- » mens douloureux éclatent ensemble dans les » airs. Noble et charmante fille de Jupiter, en- » voyez-nous quelque secours : faites retourner » sur ses pas ce fléau destructeur, ce nouveau » Mars, qui, sans bouclier, sans javelot, est » venu nous combattre, et qui nous consume au » milieu des gémissemens et des cris : qu'il aille, » loin des bornes de notre patrie, dans le vaste » sein d'Amphitrite, ou dans les flots inhospi- » taliers de la mer de Thrace. Il ne nous laisse » aucun repos : il s'affoiblit quand la nuit s'a- » chève, il recommence avec le jour. O Jupiter !

» ô Dieu qui gouvernes à ton gré les feux du
» tonnerre, écrase-le de ta foudre ! Et toi, Dieu
» de Lycie, lance, pour nous secourir, des traits
» invincibles de ton arc d'or. O Diane ! perce-le
» de ces rayons éclatans dont tu embrases les
» sommets des monts Lycéens : et toi, Dieu des
» raisins, toi dont le front est couronné de ban-
» delettes d'or, Bacchus, toi de qui le surnom
» est emprunté du nom de cette ville, toi qui
» marches accompagné des Mœnades, viens,
» armé de flambeaux allumés, poursuivre et con-
» sumer ce Dieu cruel, que les Dieux regardent
» avec horreur ».

De 163 à 223.

Que d'énergie, que de noblesse dans ces plaintes ! Quelle étonnante et douce mélancolie elles font passer dans l'âme ! Jeunes Littérateurs, qui désirez de vous signaler par d'intéressantes productions, vous, surtout, qui ambitionnez les lauriers de Melpomène, voilà les modèles qui, nuit et jour, doivent être l'objet de votre ardente étude ! voilà le type de toutes les pensées profondes et de tous les sentimens élevés dont un lecteur se plaît à se nourrir, et que la postérité la plus reculée ne cessera d'admirer ! Modèles, aujourd'hui trop négligés!.... Mais revenons à l'objet qui nous occupe.

BOILEAU se sert aussi d'une charmante *Induction*, pour montrer que son siècle (et c'est bien le siècle de tous les temps) abonde en sots admirateurs de sots ouvrages :

« . . . . Ainsi qu'en sots auteurs,
» Notre siècle est fertile en sots admirateurs;
» Et sans ceux que fournit la Ville et la province,
» Il en est chez le duc, il en est chez le prince;
» L'ouvrage le plus plat a chez les courtisans
» De tout temps rencontré de zélés partisans;
» Et pour finir enfin par un trait de satire,
» Un sot trouve toujours un plus sot qui l'admire.

Art Poét., ch. I.

Un Logicien eût dit en prose, et avec moins de délicatesse :

Il y a de sots admirateurs dans les provinces,
Il y a de sots admirateurs dans les villes,
Il y a de sots admirateurs chez les ducs,
Il y a de sots admirateurs chez les princes,
Il y a de sots admirateurs chez les courtisans,
Il y a de sots admirateurs des ouvrages les plus plats,
Donc il y a un grand nombre de sots admirateurs.

Enfin, peut-on désirer quelque chose de plus juste, et de plus gracieux en même temps, que les deux *Inductions* dont se sert le naïf, l'inimitable LA FONTAINE dans sa Fable de la *Laitière* et du *Pot au lait*?

« Notre Laitière, ainsi troussée,
» Comptoit déjà dans sa pensée
» Tout le prix de son lait, en employoit l'argent,
» Achetoit un cent d'œufs, faisoit triple couvée:
» La chose alloit à bien par son soin diligent.
» Il m'est, disoit-elle, facile
» D'élever des poulets autour de ma maison:
» Le renard sera bien habile
» S'il ne m'en laisse assez pour avoir un cochon.
» Le porc à s'engraisser coûtera peu de son:
» Il étoit, quand je l'eus, de grosseur raisonnable;
» J'aurai, le revendant, de l'argent bel et bon:
» Et qui m'empêchera de mettre en notre étable,
» Vu le prix dont il est, une vache et son veau,
» Que je verrai sauter au milieu du troupeau »?

Que ce charmant calcul de Perrette est bien composé de tous les articles que peut compter une ménagère intelligente! Comme ils y sont amenés! Je me garde bien d'en faire la paraphrase logique; ce seroit mettre en mauvaise prose ce que la poésie a de plus piquant et de plus enchanteur: on y saisit d'ailleurs, avec la plus grande facilité, tous les membres du raisonnement. Passons donc à la seconde *Induction*, qui est l'application morale de la première :

« Quel esprit ne bat la campagne ?
» Qui ne fait châteaux en Espagne ?
» Pichrocole, Pyrrhus, la Laitière, enfin tous,
» Autant les sages que les fous.
» Chacun songe en veillant, il n'est rien de plus doux.
» Une flatteuse erreur emporte alors nos âmes :
» Tout le bien du monde est à nous,
» Tous les honneurs, toutes les femmes.
» Quand je suis seul, je fais au plus brave un défi :
» Je m'écarte, je vais détrôner le Sophi :
» On m'élit Roi, mon peuple m'aime :
» Les diadèmes vont sur ma tête pleuvant.
» Quelqu'accident fait-il que je rentre en moi-même ?
» Je suis Gros-Jean comme devant ».

Fut-il jamais assemblage plus agréable et plus naturel de tous ces jeux de l'imagination, de tous ces chimériques projets de fortune si heureusement exprimés par ce proverbe : *Qui ne fait châteaux en Espagne ?*

L'*Induction*, comme nous l'avons déjà

observé, n'est bonne qu'autant que l'énumération est exacte; et si l'on veut que la conclusion soit rigoureusement générale, toutes les propositions qui l'enfantent doivent être scrupuleusement rassemblées. Ainsi je ferois un mauvais raisonnement et ne pourrois rien conclure, si je voulois prouver que *tous les peuples de la terre sont blancs*, par un dénombrement très-étendu des différentes nations, mais dans lequel je ne ferois point entrer les *Ethiopiens* qui sont noirs : cette seule exception renverseroit toute ma preuve, et ma longue liste deviendroit inutile et ridicule.

DU SORITE (1).

LE *Sorite* est un enchaînement de propositions tellement liées les unes avec les autres, que l'attribut de la première devient le sujet de la seconde, l'attribut de

---

(1) Σωρείτης, *Soréitès*, de σωρευω, *Soréuo*, *j'accumule*.

la seconde passe en sujet de la troisième, et ainsi de suite jusqu'à la dernière qui est la conclusion, et avec l'attribut de laquelle on ramène le sujet de la première. On appelle encore ce raisonnement *Gradation*, parce que, comme la fin de chaque proposition est le commencement de la suivante, on y a vu, pour ainsi dire, la marche d'un escalier où la fin d'un degré est l'origine de l'autre. Hâtons-nous d'en rendre la construction sensible par des exemples.

Les *avares* sont pleins de désirs ;
Ceux qui sont pleins de désirs sont privés de beaucoup de choses ;
Ceux qui sont privés de beaucoup de choses sont malheureux ;
Donc les *avares* sont malheureux.

Voilà bien ce que l'on appelle un *Sorite :* or, toutes les propositions n'y sont-elles pas liées comme nous l'avons annoncé ? L'attribut *pleins de désirs* devient le sujet de la proposition suivante, aussi-bien que l'attribut *privés de beaucoup de choses ;* et le sujet de la dernière est le même que celui de la première, c'est-à-dire, *avares.* La raison de cet enchaînement est on ne peut plus naturelle; car quel est mon but? C'est de prouver que *les avares sont malheureux*: or, pour cet effet, je considère les avares comme *remplis de désirs.* Puis-je en conclure immédiatement qu'ils sont misérables? Non; alors j'examine ce que c'est que d'être *remplis de désirs*, et je trouve que c'est être dans des *privations perpétuelles.* Ai-je droit d'énoncer dans ma conséquence le *malheur* des avares? Pas encore. Que me reste-t-il donc à faire? C'est de voir si les *privations* de ce que l'on désire peuvent rendre malheureux. J'y découvre effectivement une cause de *misère*; et revenant aux *avares*, je conclus qu'ils sont *malheureux.*

Cette sorte de raisonnement s'emploie souvent dans les Mathématiques, parce que les vérités géométriques demandent une pareille liaison; mais il est assez rare que les orateurs s'en servent. Peut-être craint-on qu'il ne donne, surtout quand il est long, quelque chose de traînant et de monotone au style. Aussi M. DE FÉNÉLON nous présente-t-il, dans son *Télémaque*, sous une forme plus libre et plus vive, l'idée du Sorite qui vient d'être pris pour exemple. Il dit, en parlant de Pygmalion, *Liv.* I :

« Tout l'agite, l'inquiète, le ronge; il a peur » de son ombre; il ne dort ni nuit ni jour. Les » Dieux, pour le confondre, l'accablent de tré- » sors dont il n'ose jouir. Ce qu'il cherche pour » être heureux, est précisément ce qui l'empêche » de l'être. Il regrette tout ce qu'il donne, et » craint toujours de perdre. Il se tourmente pour » gagner ».

Cependant le même auteur se sert d'un Sorite aussi juste qu'élégant, pour faire voir que le luxe corrompt tous les ordres d'un état.

« Il répand, *dit-il* entre autres belles ré- » flexions, sa contagion jusqu'aux derniers de » la lie du peuple. Les proches parens du roi veu- » lent imiter sa magnificence; les grands, celle » des parens du roi : les gens médiocres veulent » égaler les grands : car qui est-ce qui se fait » justice? Les petits veulent passer pour mé- » diocres ». TÉLÉM., *liv.* X.

J'ai dit que c'étoit un Sorite aussi juste

qu'élégant, quoiqu'au premier coup-d'œil on n'y trouve aucunement la nature du Sorite; car, d'après les régles établies, les *attributs* doivent devenir *sujets*, et au contraire, ici, ce sont les *sujets* qui deviennent *attributs* : mais avec un peu de réflexion on s'aperçoit bientôt que c'est un Sorite *renversé*, qu'il est fort aisé de rendre direct en commençant par la fin. En effet, si nous disons :

> Les petits veulent passer pour médiocres :
> Les gens médiocres veulent égaler les grands;
> Les grands veulent imiter la magnificence des parens du roi;
> Les parens du roi, celle du roi même :
> Donc, etc.

nous aurons un Sorite dans la forme la plus rigoureuse, en conservant les pensées et les expressions de l'Auteur, et nous en conclurons : *Donc, depuis les derniers de la lie du peuple jusqu'au trône, tout est empoisonné par le luxe*; ce qui n'est autre chose que ce que nous lisons à la tête du raisonnement; *Le luxe répand sa contagion jusqu'aux derniers de la lie du peuple.*

Le

Le Sorite, pour être bon, ne doit rien contenir d'équivoque ou de confus; car si quelqu'une des propositions offre un sens double ou mal déterminé, elle devient un principe frauduleux qui rompt la transition : or, dès que la transition vient à manquer, la gradation n'a plus lieu, et l'argument est faux. C'est par cette raison que le Sorite suivant, si rebattu dans les écoles, est tout à fait ridicule :

Celui qui est ivre, dort bien :
Celui qui dort bien, ne pense point au mal :
Celui qui ne pense point au mal, n'offense point Dieu :
Celui qui n'offense point Dieu, sera sauvé :
Donc celui qui est ivre sera sauvé.

Il ne faut pas beaucoup d'attention pour voir que la première proposition : *Celui qui est ivre, dort bien*, est un principe équivoque et trompeur, car si un effet de l'ivresse est de bien faire dormir, elle en a mille autres qui sont dangereux, funestes, impardonnables, et qui cependant sont cachés dans l'argument, par une réticence grossière, d'où procèdent l'imutilité de tout ce qui suit et la fausseté de la conséquence.

DE L'EXEMPLE.

Ce raisonnement est si familier et si connu, que l'on pourroit presque se dispenser d'en parler : c'est, en Logique, un argument, dans lequel d'une proposition singulière, on déduit une autre proposition singulière. On peut le présenter sous trois faces, qui lui font donner trois dénominations différentes ; c'est-à-dire, la conclusion est fondée tantôt sur une parité ou ressemblance, tantôt sur une opposition ou dissimilitude, d'autres fois sur un droit que le principe avancé rend plus fort ; et selon ces trois cas, l'argument de l'*Exemple* s'appelle en latin *à pari*, *à contrario*, *à fortiori* : les expressions françaises sont ; *donc pareillement*, *par la raison des contraires*, *à plus forte raison*.

Ainsi ce raisonnement :

Dieu pardonna autrefois à David à cause de son repentir :

Donc il vous pardonnera *aussi* quand vous vous repentirez,

est un exemple *à pari*, et tiré de la similitude des circonstances.

Cet autre est pris de la raison des contraires :

L'oisiveté est la mère des vices :
Donc, *par la raison des contraires*, l'application et l'étude en sont le remède et le préservatif.

Ce troisième est fondé sur la raison d'un droit plus fort :

Les infidèles pratiquent la vertu :
Donc, *à plus forte raison*, doit-elle être cultivée par les chrétiens.

Boileau, pour prouver que la véritable noblesse n'est que dans la vertu, et que, sans la vertu, les titres les plus pompeux, les plus éclatantes généalogies, ne sont qu'une sotte et misérable vanité, dit dans sa cinquième satire :

« On fait cas d'un coursier qui, fier et plein de cœur,
» Fait paroître en courant sa bouillante vigueur;

» Qui jamais ne se lasse, et qui dans la carrière
» S'est couvert mille fois d'une noble poussière :
» Mais la postérité d'Alfane et de Bayard,
» Quand ce n'est qu'une rosse, est vendue au hasard,
» Sans respect des aïeux dont elle est descendue,
» Et va porter la malle ou tirer la charrue.
» Pourquoi donc voulez-vous que, par un sot abus,
» Chacun respecte en vous un honneur qui n'est plus ?
» On ne m'éblouit point d'une apparence vaine :
» La vertu d'un grand cœur est la marque certaine.

Nous reconnoissons aisément dans ces vers l'Exemple *à pari* : le Poète ne l'a point déguisé :

Une rosse est sans mérite, quoiqu'elle descende des nobles coursiers Alfane *et* Bayard ;
Donc pareillement vous êtes méprisable, vous qui n'avez que le nom des héros que vous comptez dans votre famille.

Continuons, nous trouverons dans la même satire, et dans les vers qui suivent immédiatement, l'Exemple *à contrario*.

« Si vous êtes sorti de ces héros fameux,
» Montrez-nous cette ardeur qu'on vit briller en eux,

» Ce zèle pour l'honneur, cette horreur pour le
vice.
» Respectez-vous les lois, fuyez-vous l'injustice?
» Savez-vous pour la gloire oublier le repos,
» Et dormir en plein champ le harnois sur le dos?
» Je vous connois pour noble à ces illustres marques.
» Alors, soyez issu des plus fameux monarques;
» Venez de mille aïeux; et si ce n'est assez,
» Feuilletez à loisir tous les siècles passés;
» Voyez de quel guerrier il vous plaît de descendre;
» Choisissez de César, d'Achille ou d'Alexandre.
» En vain un faux censeur voudroit vous démentir,
» Et si vous n'en sortez, vous en devez sortir.
» Mais fussiez-vous issu d'Hercule en droite ligne?
» Si vous ne faites voir qu'une bassesse indigne,
» Ce long amas d'aïeux que vous diffamez tous,
» Sont autant de témoins qui parlent contre vous;
» Et tout ce grand éclat de leur gloire ternie,
» Ne sert plus que de jour à votre ignominie ».

L'argument n'est-il pas dans la plus grande exactitude?

Si vous êtes juste, vertueux et brave, vous sortez ou vous méritez de sortir du sang le plus pur et le plus noble; mais, par la raison des contraires, *si vous déshonorez le sang illustre qui coule dans vos veines, vous n'êtes plus qu'un honteux rejeton d'une tige diffamée.*

La Fontaine nous fournit l'Exemple

à fortiori dans sa fable du *mal Marié.* Ce malheureux époux rappelle sa moitié querelleuse de la campagne où, pour la corriger, il l'avoit envoyée avec *certaines Philis qui gardent les dindons, avec les gardeurs de cochons.* Elle se plaint à son retour de s'être attiré la haine de *tous ces gens si peu soigneux*, et le mari lui répond que si ceux *qui ne demeurent qu'un moment avec elle, sont déjà fatigués de la voir;* à plus forte raison, *un époux et des valets que sans cesse elle tourmente, ne peuvent supporter sa présence :*

« Eh! madame, reprit son époux tout à l'heure,
» Si votre esprit est si hargneux
» Que le monde qui ne demeure
» Qu'un moment avec vous, et ne revient qu'au soir,
» Est déjà lassé de vous voir;
» Que feront des valets, qui toute la journée
» Vous verront contr'eux déchaînée?
» Et que pourra faire un époux
» Que vous voulez qui soit jour et nuit avec vous?

Le défaut de l'Exemple est toujours dans la fausseté des rapports, ce qui fait que l'on dit vulgairement : *Cette comparaison cloche*; et c'est le vice de la plupart des comparaisons. Elles sont quelquefois très-justes, mais basses et triviales; et si elles sont admises, ce n'est que dans la conversation familière qui, sans les droits que lui donne l'indulgence, deviendroit gênante et souvent affectée : mais il faut scrupuleusement les éviter dans tous les ouvrages qui demandent de la noblesse et de la pureté. Il n'est pas ordinaire de réunir l'exactitude et la justesse avec l'élévation et la grâce, comme l'a fait BOSSUET dans la comparaison suivante tirée de son *Oraison funèbre de la Reine d'Angleterre*, où il dit :

« Comme une colonne dont la masse solide paroît le plus ferme soutien d'un temple ruineux, » lorsque ce grand édifice qu'elle soutenoit fond » sur elle sans l'abattre : ainsi la reine se montre » le ferme soutien de l'Etat, lorsqu'après en avoir » long-temps porté le faix, elle n'est pas même » courbée sous sa chute ».

Le touchant FÉNÉLON s'exprime aussi d'une manière bien éloquente, lorsque, par un Exemple *à contrario*, il met en opposition la sécurité du vertueux Sésostris avec les inquiétudes du cruel Pygmalion :

« Je raisonnois ainsi de Pygmalion sans le voir ; » car on ne le voyoit point, et on regardoit seu- » lement avec crainte ces hautes tours qui étoient » nuit et jour entourées de gardes, où il s'étoit » mis lui-même comme en prison, se renfermant » avec ses trésors. Je comparois ce roi invisible » avec Sésostris, si doux, si accessible, si affa- » ble, si curieux de voir les étrangers, si attentif » à écouter tout le monde, et à tirer du cœur des » hommes la vérité qu'on cache aux rois. Sésos- » tris, disois-je, ne craignoit rien, et n'avoit » rien à craindre ; il se montroit à tous ses sujets » comme à ses propres enfans. Celui-ci craint » tout, et a tout à craindre. Ce méchant roi est » toujours exposé à une mort funeste, même » dans son palais, inaccessible au milieu de ses » gardes. Au contraire, le bon roi Sésostris étoit » en sûreté au milieu de la foule des peuples, » comme un bon père dans sa maison, environné » de sa famille ». TÉLÉM., *liv.* 1.

Il compare encore, dans le même Livre, à la fureur d'un lion d'Afrique la valeur de *Mentor* combattant pour *Aceste* ;

« Sa cuirasse ressembloit dans le combat à l'im- » mortelle égide : la mort couroit de rang en rang

» partout sous ses coups. Semblable à un lion de » Numidie que la cruelle faim dévore et qui entre » dans un troupeau de foibles brebis, il déchire, » il égorge, il nage dans le sang; et les bergers, » loin de secourir le troupeau, fuient tremblans » pour se dérober à sa fureur ».

M. DE VOLTAIRE, dans le Chant VIII de la *Henriade*, nous donne en fort beaux vers, mais dans un sens opposé, la même comparaison :

« D'Aumale, en l'écoutant, pleure et frémit de rage ;
» Cet ordre qu'il déteste, il va l'exécuter :
» Semblable au fier lion qu'un Maure a su dompter,
» Qui docile à son maître, à tout autre terrible,
» Le suit d'un air affreux, le flatte en rugissant,
» Et semble menacer, même en obéissant ».

Enfin rien n'est plus aimable que cet Exemple dont se sert BOILEAU, pour commencer le second Chant de son *Art poétique*.

« Telle qu'une bergère, au plus beau jour de fête,
» De superbes rubis ne charge point sa tête,

» Et sans mêler à l'or l'éclat des diamans,
» Cueille en un champ voisin ses plus beaux ornemens ;
» Telle aimable en son air, mais humble dans son style,
» Doit éclater, sans pompe, une élégante Idylle.

Nous ne finirions jamais, si nous voulions rapporter tous les exemples que nous offrent les meilleurs Auteurs ; mais ce seroit prendre une peine inutile, parce que cette espèce de Raisonnement est celle qui souffre le moins de difficulté.

Cependant, pour rendre hommage à la beauté des idées, je ne puis me dispenser de rappeler ce que Sophocle, dans sa Tragédie d'*Antigone*, fait dire au Chœur pour peindre les dangers dont est remplie la vie humaine.

LE CHŒUR.

« Heureux ceux dont la vie s'écoule sans éprouver aucune atteinte de malheur ! car sitôt que la main des Dieux s'est appesantie sur une maison, les infortunes se succèdent, et viennent l'accabler en foule, semblables aux flots de la mer, qui, noircis par l'orage, et poussés par les vents impétueux de la Thrace, se soulèvent du fond de leurs abîmes, roulent vers le rivage,

» et font mugir au loin les bords où ils vont se » briser.

» C'est ainsi que dans la maison expirante des » Labdacides, je vois sur d'antiques malheurs » s'accumuler des malheurs nouveaux. Une gé- » nération succède à une autre, en succédant à » ses maux. Un Dieu la frappe sans lui donner » de relâche. Quelque clarté brilloit encore sur » la dernière racine de la tige d'Œdipe; et voilà » que la cendre des morts, l'égarement de l'es- » prit, et la furie qui trouble la raison, ont éclipsé » cette lumière.

» Quel homme dans son orgueil, ô Jupiter! » pourroit se flatter de borner ton pouvoir, toi » que le sommeil à qui tout cède, et que » l'infatigable cours du temps ne surmontent » jamais! Exempt des traits de la vieillesse, tu » habites avec ta toute-puissance au sein de la » clarté resplendissante de l'Olympe : le présent, » le passé, l'avenir sont soumis à ta volonté. Un » sort pareil n'est pas fait pour l'homme. Il n'est » point de mortel dont les jours soient entière- » ment exempts de peines ».

Depuis 589 jusqu'à 625.

Si l'on veut voir encore une harmonieuse série des plus riches comparaisons, c'est dans Homère qu'on la trouvera, au Livre II de l'*Iliade*, depuis le vers 455 jusqu'au vers 483, où ce Prince des poètes se plaît à peindre l'ardeur des Grecs pour le combat, lorsqu'échauffés par les harangues d'Ulysse, et surtout par l'inspiration de Minerve, ils rejettent le dessein de retourner dans leur patrie.

DU DILEMME (1).

PEUT-ON presser plus vivement un homme qui craindroit de s'expliquer, qu'en le forçant de répondre *oui* ou *non?* Peut-on plus l'embarrasser, qu'en lui prouvant que, quoi qu'il dise, il est coupable? Or, voilà précisément la nature du *Dilemme*. Cet argument propose deux partis : il faut choisir; et de quelque côté que l'on veuille s'échapper, on est battu : aussi les Logiciens l'ont-ils appelé *Argument cornu*, parce que ses propositions sont comme deux cornes qui frappent à droite et à gauche. Tel est le Dilemme que fait BOILEAU sur

(1) Δίλημμα, dilèmma, *de δὶς, deux fois; et* λῆμμα, lèmma, *hypothèse*.

l'Amour de Dieu, dans son Épître XII *à M. l'Abbé Renaudot:*

« Docteurs, dites-moi donc, quand nous sommes absous,
» Le Saint-Esprit est-il ou n'est-il pas en nous?
» S'il est en nous, peut-il, n'étant qu'amour lui-même,
» Ne nous échauffer point de son amour suprême?
» Et s'il n'est pas en nous, Satan toujours vainqueur
» Ne demeure-t-il pas maître de notre cœur »?

Un Logicien, en démontrant ses règles, ou un Théologien, en disputant sur les bancs, n'eût point donné à ce raisonnement une forme plus rigoureuse que n'a fait ici le poète. Les deux propositions qui constituent la nature du Dilemme, y sont nettes et saillantes: *Ou le Saint-Esprit est en nous, ou le Saint-Esprit n'est pas en nous;* point de milieu; le *oui* ou le *non.*

M. DE FÉNÉLON se sert aussi dans son *Télémaque*, en plusieurs endroits, de Dilemmes très-justes et très-naturels:

« Oh! que les rois sont à plaindre, dit-il en
» faisant parler Philoclès, *liv. VI.* Oh! que ceux
» qui les servent sont dignes de compassion! S'ils

» sont méchans, combien font-ils souffrir les
» hommes, et quels tourmens leur sont préparés
» dans le noir Tartare ! S'ils sont bons, quelles
» difficultés n'ont-ils pas à vaincre ! quels piéges
» à éviter ! que de maux à souffrir » !

La même pensée se représente au Livre VIII, lorsque Télémaque, descendu aux Enfers, écoute les sages leçons d'Arcésius, son bisaïeul :

« Quand elle est prise (la royauté), disoit-il,
» pour se contenter soi-même, c'est une mons-
» trueuse tyrannie : quand elle est prise pour
» remplir ses devoirs et pour conduire un peuple
» innombrable, comme un père conduit ses en-
» fans, c'est une servitude accablante, qui de-
» mande un courage et une patience héroïques ».

Ainsi, de quelque côté que l'on envisage la condition des Rois, elle est triste et malheureuse :

Ou ils sont bons, ou ils sont méchans. S'ils sont bons, que de fatigues, que de peines n'ont-ils pas à supporter ! S'ils sont méchans, que le compte qu'ils ont à rendre est terrible ! Donc, etc.

Telle est la substance du premier Dilemme.

Le second n'est pas moins concluant, et se réduit à ce qui suit :

Ou ils prennent la royauté pour se contenter eux-mêmes, et dans ce cas ils ne sont que de coupables tyrans : ou ils prennent la royauté pour en remplir les devoirs, et alors ils ne sont que de malheureux esclaves. Donc, etc.

Mentor, au Livre v, raisonne de la même manière, quand il donne au fils d'Ulysse les préceptes dont il a besoin pour se bien conduire avec les Rois alliés, dans la guerre contre les Dauniens :

« Enfin, dit-il, n'écoutez jamais des discours » par lesquels on voudra exciter votre défiance » ou votre jalousie contre les autres chefs. Parlez- » leur avec confiance et ingénuité. Si vous croyez » qu'ils ayent manqué à votre égard, ouvrez-leur » votre cœur, expliquez-leur toutes vos raisons : » s'ils sont capables de sentir la noblesse de cette » conduite, vous les charmerez et vous tirerez » d'eux tout ce que vous avez droit d'en attendre. » Si au contraire ils ne sont pas assez raisonnables » pour entrer dans vos sentimens, vous serez » instruit par vous-même de ce qu'il y aura en » eux d'injuste à souffrir ; vous prendrez vos me- » sures pour ne plus vous commettre jusqu'à ce

» que la guerre finisse, et vous n'aurez rien à
» vous reprocher ».

Le Dilemme n'est pas tout le texte que nous citons, mais il commence à ces mots, *s'ils sont capables*, etc. car Mentor y propose à Télémaque deux moyens de se rendre irréprochable; et l'un ou l'autre, doit le faire triompher :

Ou ils sont capables de sentir la noblesse de cette conduite, ou ils n'en sont pas capables. S'ils en sont capables, vous les charmerez, et vous tirerez d'eux tout ce que vous avez droit d'en attendre : s'ils n'en sont pas capables, vous serez instruit par vous-même de ce qu'il y aura en eux d'injuste à souffrir : vous prendrez vos mesures pour, etc. *Donc, dans l'un et l'autre cas, vous êtes exempt de tout reproche.*

La haute poésie nous présente aussi des Dilemmes très-imposans; par exemple, *Pyrrhus* voulant presser son hymen avec *Andromaque*, parle ainsi à cette Princesse :

« Mais ce n'est plus, Madame, une offre à dédaigner :
» Je vous le dis; il faut ou *périr* ou *régner*.
» Mon cœur désespéré d'un an d'ingratitude,
» Ne peut plus de son sort souffrir l'incertitude :

» C'est craindre, menacer, et gémir trop long-
temps.
» *Je meurs si je vous perds; mais je meurs si j'attends* ».

Acte III, scène VII.

CORNEILLE fait dire à *Valère*, qui demande la mort d'Horace :

« Arrêtez sa fureur, et sauvez de ses mains,
» Si vous voulez régner, le reste des Romains;
» Il y va de sa perte ou du salut du reste ».

Trag. d'HORACE, acte V, scène II.

Le même Poète, dans la Tragédie d'*Héraclius*, Acte IV, Scène IV, peint ainsi la perplexité de *Phocas*, qui ne sait lequel des deux est son fils, ou d'*Héraclius*, ou de *Martian* :

« Que veux-tu donc, Nature, et que prétends-tu faire?
» Si je n'ai plus de fils, puis-jé encore être père?
» De quoi parle à mon cœur ton murmure imparfait?
» *Ne me dis rien du tout, ou parle tout à fait.*
» Qui que ce soit des deux que mon sang a fait naître,
» *Ou laisse-moi le perdre, ou fais-le moi connoître.*

Ce cruel embarras est encore augmenté

dans la Scène suivante, lorsque *Léontine*, autrefois Gouvernante d'*Héraclius* et de *Martian*, dit à Phocas :

« L'un des deux est ton fils; l'autre ton empereur.
» *Tremble dans ton amour, tremble dans ta fureur.*

Dans le *Fanatisme*, tragédie de VOLTAIRE, *Zopire* dit à *Omar*, en parlant de *Mahomet* :

« S'il est un vrai prophète, oses-tu le punir?
» S'il est un imposteur, oses-tu le servir »?

Acte I, scène IV.

Et, Scène V du second Acte, Mahomet répond à Zopire :

« *Ou véritable* ou *faux*, mon culte est *nécessaire* ».

Dans *Mérope*, Tragédie du même Auteur, *Polyphonte* tient à la Reine ce langage pressant et terrible :

« .... *C'est votre fils*, Madame, ou *c'est un traître* ;
» *Je dois m'unir à vous pour lui servir d'appui* ;
» *Ou je dois me venger et de vous et de lui.*
» C'est à vous d'ordonner *sa grâce* ou *son supplice*.
» Vous êtes, en un mot, *sa mère* ou *sa complice*,

» *Choisissez;* mais sachez qu'au sortir de ces lieux
» Je ne vous en croirai qu'en présence des Dieux.
» . . . .
» Votre seule réponse ou *le sauve* ou *l'opprime.*
» *Voilà mon fils*, Madame, ou *voilà ma victime* ».

Acte IV, scène II.

Ces différens Dilemmes, ainsi que tous ceux que nous pourrions rapporter, sont susceptibles d'une forme dialectique qui est très-peu éloignée du tour oratoire; et la raison en est sensible. Un Dilemme, quelques grâces qu'il puisse emprunter du style, est toujours fondé sur deux propositions pressantes qui demandent le *oui* ou le *non* : or, de pareilles propositions ne peuvent s'exprimer qu'avec une certaine rigueur qui les rapproche nécessairement de la précision des préceptes.

Quand je dis que le Dilemme est toujours fondé sur deux propositions pressantes, j'entends un bon Dilemme, et je ne parle que de sa nature. Mais il n'est que trop ordinaire, et surtout dans la chaleur des disputes, de voir cet argument sans justesse et sans force : alors c'est une arme qui se tourne contre celui qui s'en sert, et elle devient d'autant plus dangereuse, que c'est l'adversaire lui-même qui la repousse. On peut l'appeler une épée à deux tranchans, qui, adroitement détournée, coupe la main d'où devoient partir ses coups. En effet, trouve-t-on un milieu entre les deux divisions menaçantes du Dilemme? Elles sont fausses, comme nous avons vu que l'étoient deux propositions contraires; et elles deviennent semblables à deux batteries mal dirigées, que l'armée ennemie, par un léger mouvement, sait rendre inutiles, et qu'ensuite elle pointe contre leurs propres maîtres. Ont-elles des réticences captieuses, des preuves foibles ou équivoques? Elles ne sont qu'un piége préparé pour la perte de son auteur. Quelques exemples nous en convaincront mieux.

Un ancien Philosophe prétendoit démontrer qu'on ne devoit point se charger du gouvernement de la République, et il disoit :

« Ou vous agirez bien, ou vous agirez mal.
» Si vous agissez bien, vous offenserez les hommes;
» Si vous agissez mal, vous irriterez les Dieux :

» Ne vous chargez donc point d'une fonction si périlleuse ».

Qu'avoit-on à lui répondre? qu'il y avoit dans son Dilemme une réticence insidieuse qui en faisoit toute la foiblesse. Et quelle étoit cette réticence? Que *s'il est fâcheux d'offenser les Dieux ou les hommes, il n'est point fâcheux d'offenser les hommes, quand on ne peut l'éviter qu'en offensant les Dieux.*

Un autre, pour prouver qu'il ne falloit point se marier, raisonnoit ainsi :

« Ou la femme qu'on épouse est belle, ou elle est laide ;
» Si elle est belle, elle donne de la jalousie ;
» Si elle est laide, elle déplaît :
» Donc il ne faut pas se marier ».

Mais n'y auroit-il pas un milieu? N'y auroit-il pas une mauvaise réticence? Oui, sans contredit ; et loin d'être dissuadé, un époux futur pouvoit répondre :

La femme que je prendrai, ne sera ni assez belle pour me causer de la jalousie, ni assez laide pour me déplaire:

ou bien encore :

Une femme peut être belle sans exciter la jalousie, parce qu'elle peut être aussi sage et aussi vertueuse qu'elle est belle; comme elle peut être laide sans déplaire à son mari, si elle réunit d'heureuses qualités de l'esprit et du cœur.

D'autres, enfin, vouloient, par le Dilemme suivant, persuader qu'il étoit ridicule de craindre la mort :

« Ou notre âme, disoient-ils, périt avec le corps, ou elle lui survit.

» Si elle périt avec le corps, nous serons anéantis, et par-là même nous ne pouvons redouter aucun mal :

» Si elle survit au corps, elle sera plus heureuse que quand elle lui étoit unie.

» Donc la mort n'est point à redouter.

Eh! qui leur avoit dit que l'âme, en survivant au corps, ne seroit que plus heureuse? Comme si l'on ne pouvoit concevoir un troisième état, où, n'étant ni plus *heureuse* ni *anéantie*, elle soit livrée à la douleur et aux tourmens!

Il est donc essentiel, et nous devons le conclure de tout ce que nous venons de dire, d'employer dans un Dilemme des propositions exactement opposées, et de les étayer de preuves justes et nerveuses.

DE L'ÉPICHÉRÈME(1).

L'HOMME est naturellement curieux et impatient. S'il aime la vérité, il veut la connoître aussitôt qu'il la cherche : la discussion le gêne, l'étude le rebute, le travail le dégoûte; un fonds de paresse achève de lui peindre comme fatigant, comme inutile, comme ridicule, tout ce qui lui paroît étranger à ses intérêts. Faut-il exciter son ambition, son avarice, sa vanité? Il est tout de feu; rien ne lui semble difficile; les preuves sont frappantes, les conclusions évidentes, tout est démonstration. Mais est-il question de combattre ses préjugés, de redresser ses torts, d'arrêter ses fou-

(1) Ἐπιχείρημα, *épichéirêma*, de ἐπιχειρῶ, *épichéiro*, *j'attaque*, *je fais des efforts*.

gues, de calmer ses fureurs, de l'éclairer, de le persuader, de le convaincre? C'est alors que sa raison est lente, que son imagination est assoupie, que tout son esprit est dans un engourdissement d'où l'éloquence seule peut le tirer. Une Induction scrupuleuse, un Sorite bien enchaîné, des Exemples saillans, des Dilemmes énergiques, des Sentences vigoureuses, voilà sûrement autant de moyens efficaces pour réveiller, pour piquer, pour enflammer son émulation : mais le plus prompt et le plus propre à son caractère, c'est l'*Épichérème*. Ce Raisonnement met sous ses yeux une vérité dans tout son jour, développe une proposition avec toutes ses preuves, explique tout ce qui pourroit être obscur, démontre ce qui sembleroit douteux, et confirme ce qui laisseroit dans l'esprit le moindre sujet de défiance; en un mot, l'Épichérème, s'il demande de l'attention, n'en exige que pour l'instant. Il ne laisse point refroidir par des délais l'impression qu'il excite, il n'abandonne point à des réflexions tardives le sujet qu'il propose ; mais ce qu'il avance, il le le démontre aussitôt, et il est l'analyse parfaite d'un long discours : prouvons-le par des exemples.

CICÉRON composa, pour la défense de Milon, un Plaidoyer plein de force et d'éloquence que l'on peut réduire à l'Epichérème suivant :

« Il est permis de tuer quiconque nous tend » des piéges ; la loi naturelle, le droit des gens, » les exemples, tout le prouve :

» Or, Clodius a tendu des piéges à Milon ; ses » armes, ses soldats, ses manœuvres et autres » circonstances, le démontrent :

» Donc il a été permis à Milon de tuer Clodius.

Les deux premières propositions de ce Raisonnement pourroient paroître hasardées, ou du moins n'être pas assez claires ; mais il ne reste plus de nuage, dès-lors que l'une et l'autre est soutenue par des preuves de droit et de fait.

M. BOSSUET, dans son *Oraison funèbre de la Reine d'Angleterre*, expose, par un Epichérème de la plus grande beauté, la situation malheureuse des Catholiques Anglais au milieu des troubles qui affligeoient alors la Grande-Bretagne.

« Mais si jamais, s'écrie-t-il, l'on peut dire » que la voie du chrétien est étroite, c'est, » Messieurs, durant les persécutions. Car que » peut-on imaginer de plus malheureux, que de » ne pouvoir conserver la foi sans s'exposer au » supplice, ni sacrifier sans trouble, ni chercher » Dieu qu'en tremblant? Tel étoit l'état déplo- » rable des catholiques anglais. L'erreur et la » nouveauté se faisoient entendre dans toutes les » chaires, et la doctrine ancienne, qui, selon » l'oracle de l'Evangile, doit *être prêchée jusques* » *sur les toits*, pouvoit à peine parler à l'oreille; » les enfans de Dieu étoient étonnés de ne voir » plus, ni l'autel, ni le sanctuaire, ni ces tri- » bunaux de miséricorde qui justifient ceux qui » s'accusent ».

Otons à ce Raisonnement la majesté du style, et n'y voyons que la forme prescrite par les règles : qu'avance-t-il? que prouve-t-il? qu'en doit-on conclure? Il faut démontrer, et d'une manière frappante, que la Religion Catholique étoit en Angleterre dans une crise terrible ; or, la démonstration en est renfermée dans deux propositions. La première dit : *Les persécutions sont pour la Religion un état violent :* la preuve ? *Car que peut-on imaginer de plus malheureux que de, etc.* La seconde ajoute : *Or, tel étoit l'état de la Religion en Angleterre ;* et la preuve ? *C'est que l'erreur et la nouveauté se faisoient entendre, etc.* Quelle sera la conséquence ? Peut-on en douter ? Faut-il, pour la tirer, un plus ample examen ? N'est-elle pas la suite naturelle des deux propositions ; et les preuves qui ont été administrées sur-le-champ, ne la portent-elles pas au plus haut degré de l'évidence ? Mais c'est à l'éloquent Orateur qu'il appartient de la développer : aussi dit-il quelques lignes plus bas :

« Tout ce que la religion a de plus saint a été » en proie. L'Angleterre a tant changé, qu'elle » ne sait plus elle-même à quoi s'en tenir ; et » plus agitée en sa terre et dans ses ports même, » que l'Océan qui l'environne, elle se voit inon- » dée par l'effroyable débordement de mille sectes » bizarres ».

Ouvrons le *Télémaque* de M. DE FÉNÉLON, et nous y trouverons aussi plusieurs exemples remarquables de l'espèce de Raisonnement dont nous parlons.

Philoclès, déterminé à ne point quitter l'île de Samos d'où le rappelle Idoménée, représente à Hégésippe, Officier de ce Prince, la félicité pure qu'il y goûte, et dont il ne peut se priver :

« Voyez-vous, lui répondit Philoclès, cette » grotte plus propre à cacher des bêtes sauvages » qu'à être habitée par des hommes? J'y ai goûté » depuis tant d'années plus de douceur et de re- » pos, que dans les palais dorés de l'île de Crète. » Les hommes ne me trompent plus, car je ne » vois plus les hommes, et je n'entends plus » leurs discours flatteurs et empoisonnés. Je n'ai » plus besoin d'eux ; mes mains endurcies au tra- » vail me donnent facilement la nourriture sim- » ple qui m'est nécessaire. Il ne me faut, comme » vous voyez, qu'une étoffe légère pour me cou- » vrir. N'ayant plus de besoins, jouissant d'un » calme profond et d'une douce liberté dont la » sagesse de mes livres m'apprend à faire un bon » usage, qu'irois-je encore chercher parmi les » hommes jaloux, trompeurs et inconstans? Non, » non, mon cher Hégésippe, ne m'enviez point » mon bonheur ». TELÉM., *liv. VI.*

Où trouver, dans cette belle réponse du

Ministre solitaire, l'Épichérème que nous cherchons ? Il se présente de lui-même :

Les hommes ne me trompent plus, car je ne vois plus les hommes, etc. Je n'ai plus besoin d'eux, etc. or, n'ayant plus de besoins, etc. je serois insensé de retourner parmi les hommes ; car, *jaloux, trompeurs et inconstans, ils me replongeroïent dans mes malheurs passés : donc, etc.*

Mentor, dans le même Livre, fait voir à Idoménée que les méchans ne sont point des hommes *incapables de faire le bien ; mais qu'ils le font indifféremment, de même que le mal, quand il peut servir à leur ambition, etc.* Voici le Raisonnement :

« Le mal ne leur coûte rien à faire, parce » qu'aucun sentiment de bonté, ni aucun prin- » cipe de vertu, ne les retient : mais aussi ils font » le bien sans peine, parce que leur corruption » les porte à le faire, pour paroître bons et pour » tromper le reste des hommes ».

On y distingue sans difficulté les deux propositions fondamentales, *Les méchans font le mal, Les méchans font le bien,* et les deux preuves annexes qui sont de l'essence de l'Epichérème. La conclusion est ce qui précède, c'est-à-dire la proposition : *Les méchans font indifféremment le bien, de même que le mal, quand il peut servir à leur ambition.*

Narbal, Livre I, explique à Télémaque par quels moyens les Tyriens sont sûrs d'avoir en tout temps d'excellens ouvriers pour les divers travaux relatifs à la navigation.

« Je demandai ensuite à Narbal comment les » Tyriens s'étoient rendus si puissans sur la mer; » car je voulois n'ignorer rien de tout ce qui sert » au gouvernement d'un royaume. Nous avons, » me répondit-il, les forêts du Liban qui nous » fournissent les bois des vaisseaux, et nous les » réservons avec soin pour cet usage; on n'en » coupe jamais que pour les besoins publics. Pour » la construction des vaisseaux, nous avons » l'avantage d'avoir des ouvriers habiles. Comment, lui dis-je, avez-vous pu trouver des » ouvriers? Il me répondit : Ils se sont formés peu » à peu dans le pays. Quand on récompense bien » ceux qui excellent dans les arts, on est sûr » d'avoir bientôt des hommes qui les mènent à » leur dernière perfection; car les hommes qui » ont le plus de sagesse et de talent, ne manquent » point de s'adonner aux arts auxquels les grandes

» récompenses sont attachées. On considère ici » un bon géomètre, on estime fort un habile astro- » nome, on comble de biens un pilote qui sur- » passe les autres dans sa fonction; on ne méprise » point un bon charpentier; au contraire, il est » bien payé et bien traité : les bons rameurs même » ont des récompenses sûres et proportionnées » à leur service; on les nourrit bien, on a soin » d'eux quand ils sont malades; en leur absence, » on a soin de leurs femmes et de leurs enfans. » S'ils périssent dans un naufrage, on dédom- » mage leur famille; on renvoie chez eux ceux » qui ont servi un certain temps; ainsi, on en a » autant qu'on en veut. Le père est ravi d'élever » son fils dans un si bon métier, et dès sa plus » tendre jeunesse, il se hâte de lui enseigner à » manier la rame, à tendre des cordages et à mé- » priser les tempêtes. C'est ainsi qu'on mène les » hommes, sans contrainte, par la récompense » et par le bon ordre. L'autorité seule ne fait » jamais bien : la soumission des inférieurs ne » suffit pas; il faut gagner les cœurs, et faire » trouver aux hommes leur avantage dans les » choses où l'on veut se servir de leur industrie ».

Ce beau développement peut être réduit à cette analyse fort simple :

Quand on récompense bien ceux qui excellent dans les arts, on est sûr d'avoir bientôt des hommes qui les portent au plus haut degré de perfection ; car les hommes qui ont le plus de talent ne manquent pas de s'adonner aux arts auxquels les grandes récompenses sont attachées ; or, ici on récompense bien ceux qui, etc. ; *car on traite avec honneur*, etc. *Donc*, etc.

Qu'un jeune homme innocent et vertueux, nourri même dans une austérité de principes étrangers à son âge, fût accusé d'avoir déshonoré son père par un crime capital, de quels motifs se serviroit-il pour dissiper ces horribles soupçons, si, d'ailleurs, le respect lui interdisoit des preuves trop décisives? Ne diroit-il pas à son père, à son juge :

On ne devient point scélérat en un instant; car il est reconnu qu'un grand crime est toujours préparé par quelques actions blâmables et honteuses ; or, que l'on examine ma vie, on la trouvera exempte de ces sortes d'actions ; car, s'il y avoit quelque chose à me reprocher, ce ne pourroit être qu'une vertu sauvage et poussée jusqu'à la rudesse. Je ne puis donc être regardé comme coupable du crime que l'on m'impute.

On reconnoîtroit aisément dans cette apologie un *Epichérème* plein de justesse, de force, et en même temps de retenue. C'est ce que nous offre la belle justification d'Hippolyte en la présence de son père :

« Examinez ma vie et voyez qui je suis.
» Quelques crimes toujours précèdent les grands crimes ;
» Quiconque a pu franchir les bornes légitimes,
» Peut violer enfin les droits les plus sacrés :
» Ainsi que la vertu, le crime a ses degrés ;
» Et jamais on n'a vu la timide innocence
» Passer subitement à l'extrême licence.
» Un seul jour ne fait point d'un mortel vertueux
» Un perfide assassin, un lâche incestueux.
» Elevé dans le sein d'une chaste héroïne,
» Je n'ai point de mon sang démenti l'origine ;
» Pytthée estimé sage entre tous les humains,
» Daigna m'instruire encore au sortir de ses mains.
» Je ne veux point me peindre avec trop d'avantage ;
» Mais si quelque vertu m'est tombée en partage,
» Seigneur, je crois, surtout, avoir fait éclater
» La haine des forfaits qu'on ose m'imputer.
» C'est par-là qu'Hippolyte est connu dans la Grèce.
» J'ai poussé la vertu jusques à la rudesse :
» On sait de mes chagrins l'inflexible rigueur ;
» Le jour n'est pas plus pur que le fond de mon cœur.
» Et l'on veut qu'Hippolyte, épris d'un feu profane.... » !

Le raisonnement que fait Mahomet à

Zopire, dans le *Fanatisme*, est encore un Epichérème dans toutes les formes.

« Ou véritable ou faux, mon culte est nécessaire.
» Que t'ont produit tes Dieux? Quel bien t'ont-ils
pu faire?
» Quels lauriers vois-tu croître aux pieds de leurs
autels?
» Ta secte obscure et basse avilit les mortels,
» Enerve le courage et rend l'homme stupide;
» La mienne élève l'âme, et la rend intrépide ».

Acte II, scène V.

C'est-à-dire : *Ton culte est inutile et même dangereux, car il énerve le courage; mais le mien est à désirer; car il élève l'âme. Donc mon culte est préférable au tien, et par-là même nécessaire.*

Qui ne reconnoîtra des Épichérèmes remplis de sentiment et de force, dans ce que nous allons citer de Sophocle?

Thésée venant au-devant d'Œdipe, lui dit :

« J'ai si souvent jusqu'à ce jour, fils de Laïus,
» entendu raconter par quels coups affreux vous
» avez perdu la vue, que je vous reconnois sans
» peine; et maintenant même j'en apprends plus
» par mes yeux, que par les récits qu'on m'a faits
» sur la route. *Vos vêtemens, votre misère peinte*

» *sur votre front*, me disent assez qui vous êtes, » ô malheureux Œdipe! Touché de pitié pour » votre sort, je veux vous interroger. Apprenez-» moi quels secours vous attendez de moi et de » cette ville, pour vous et pour l'infortunée qui » vous conduit? Il faudroit que ce que vous de-» mandez fût bien difficile, pour que je ne pusse » vous l'accorder. *Je me rappelle trop bien que* » *je fus autrefois comme vous*, *étranger et mal-* » *heureux*. J'ai vu rassemblés sur ma tête tous » les maux qui peuvent assiéger un homme *dans* » *une terre éloignée de sa patrie*. Comment donc » pourrois-je me refuser à *secourir un étranger* » *aussi infortuné* que vous l'êtes? *Ne sais-je pas* » *que je suis mortel*, et que je n'ai pas plus » de droits que vous au jour qui va suivre » celui-ci »?

Trag. d'Œdipe à Colone.
Depuis le vers 578 jusqu'au vers 595.

Antigone, déterminée à rendre à son frère Polynice les honneurs de la sépulture, malgré la défense redoutable de Créon, répond en ces termes à sa sœur Ismène, qui est effrayée des menaces du Tyran:

« Je ne vous presse plus; et quand vous vou-» driez à présent vous unir avec moi, je n'y » consentirois point: suivez le parti qui vous

» plaît davantage. Pour moi, j'ensevelirai mon
» frère; et ce devoir rempli, *il me sera beau de*
» *mourir;* c'est une amie *qui sera rejointe à son*
» *ami.* J'aurai fait une action juste et pieuse,
» puisque le temps où j'aurai à lui plaire est plus
» long que celui où je dois plaire aux vivans; car
» *c'est pour l'éternité que je lui vais être unie* ».

Trag. d'Antigone.

Depuis le vers 68 jusqu'au vers 76.

Clytemnestre, commençant à éprouver des remords, cherche à justifier sa conduite, ou, du moins, à diminuer son crime, devant sa fille Électre dont la présence l'importune:

« Vous voilà donc maintenant errante dans ces
» lieux en pleine liberté, Madame; c'est mon-
» trer assez qu'Egysthe est absent, lui qui savoit
» si bien vous empêcher d'aller hors de ce palais
» vous répandre en invectives contre nous. Depuis
» qu'il est éloigné, mon pouvoir ne vous impose
» guère; vous ne cessez de dire partout que mon
» autorité injuste et tyrannique s'élève avec or-
» gueil contre vous et les vôtres. Je n'ai point
» d'orgueil; mais je vous rends injures pour in-
» jures. Votre père, car c'est là votre prétexte
» ordinaire, votre père est mort de ma main, de
» ma propre main, je le sais, et ne prétends
» point le nier. Mais ce n'est pas moi seule qui

» l'ai fait périr, c'est la justice, oui, la justice, » avec qui vous seriez unie si la raison avoit » quelqu'empire sur vous, puisqu'enfin, ce père, » que vous ne cessez de pleurer, *osa seul*, entre » les Grecs, sacrifier aux Dieux ma fille, dont » la naissance lui avoit moins coûté quand il lui » donna l'être, qu'à moi quand je lui donnai le » jour. En effet, dites-moi, *pour qui* fit-il ce sa- » crifice? seroit-ce pour les Grecs? Mais *quel* » *droit* ces Grecs avoient-ils d'immoler ma fille? » Est-ce pour son frère Ménélas? Quoi donc, » *bourreau des miens*, ne dut-il pas en porter la » peine? *Ménélas n'avoit-il pas deux enfans?* » N'étoit-il pas *plus juste* de les sacrifier, puis- » qu'ils étoient *nés d'une mère pour qui les Grecs* » *alloient assiéger Troie?* Le Dieu des Enfers » étoit-il plus altéré de mon sang que du sien? » Non; mais ce père barbare avoit *étouffé dans* » *son cœur* la tendresse paternelle, et Ménélas » l'avoit *conservée*. Ne fut-il donc pas le plus in- » sensé et le plus cruel des pères? Je ne crains » pas de le dire, quoique vos sentimens soient » contraires aux miens. Iphigénie le diroit comme » moi, si elle pouvoit prendre la parole. Je ne » saurois enfin me repentir de ce que j'ai fait. Si » mes sentimens vous semblent injustes, prenez » ceux que vous inspire la justice, et faites tom- » ber le blâme sur d'autres que sur moi ».

Trag. d'Electre.

Depuis le vers 516 jusqu'au vers 553.

Enfin, pouvons-nous voir un Épichérème plus clair, plus triomphant que celui qu'emploie LA FONTAINE pour faire parler en Roi, le Lion avec lequel ont fait société la Génisse, la Chèvre et la Brebis, *Fable VI ?*

« Eux venus, le Lion par ses ongles compta,
» Et dit : Nous sommes quatre à partager la proie ;
» Puis en autant de parts le cerf il dépeça ;
» Prit pour lui la première en qualité de sire :
» Elle doit être à moi, dit-il ; et la raison,
» C'est que je m'appelle Lion :
» A cela l'on n'a rien à dire.
» La seconde par droit me doit échoir encor :
» Ce droit, vous le savez, c'est le droit du plus fort.
» Comme le plus vaillant, je prétends la troisième ;
» Si quelqu'une de vous touche à la quatrième,
» Je l'étranglerai tout d'abord ».

Contentons-nous de ces exemples, parce que sûrement ils ne laissent aucun doute sur la nature de l'Épichérème ; mais remarquons que cette sorte d'Argument ne sera légitime, que quand les propositions en seront soutenues par des preuves solides : ainsi je ferois un raisonnement faux et horrible, si je disois :

Il est permis de tuer quiconque nous tourmente ; car nous sommes tous nés pour chercher notre bonheur : Or, mon ami me chagrine et me tourmente sans cesse, car sans cesse il gourmande mes passions, et me fatigue par ses remontrances. Donc il m'est permis de tuer mon ami.

Cet autre, sans blesser les oreilles, seroit le comble du ridicule :

Il est honteux d'être avare, car l'argent n'est fait que pour être dissipé : or, Pierre est un avare, car il craint de dépenser son bien au jeu, en parties de plaisir et en festins. Donc Pierre mène une conduite honteuse.

En un mot, on ne peut rien conclure ; si l'on n'a rien prouvé : or, l'on ne prouve absolument rien, dès-lors que ce qu'on appelle *preuves* est faux ou sans la moindre liaison avec les propositions, comme le font voir les deux derniers Raisonnemens.

Et nous pouvons, à cette occasion, remarquer que les motifs allégués par Clytemnestre dans sa justification, quelque pressés et accumulés qu'ils soient, quelque spécieux qu'ils puissent paroître, ne suffisent point pour l'absoudre aux yeux du spectateur.

DE L'ENTHYMÈME (1).

Si l'homme impatient et paresseux a besoin, comme nous l'avons observé, que son attention soit soutenue par des preuves renfermées dans le Raisonnement même qu'on lui propose, il veut aussi avoir quelque chose à deviner : sa vanité en est flattée ; il donne par-là des marques de sa pénétration, et paroît saisir à demi-mot la pensée de celui qui lui parle. Il est donc naturel que la Logique nous offre une espèce d'Argument où il y ait quelqu'une des parties sous-entendue, et néanmoins facile à suppléer. Il y a plus ; cette réticence n'est pas seulement imaginée pour faire honneur à la sagacité de celui qui nous écoute, mais encore pour abréger le discours et lui donner plus de nerf. C'est un laconisme élé-

(1) Ε'νθύμημα, *enthymêma*, de Ε'νθυμέομαι, *enthyméomai*, *je pense vivement*.

gant, qui prête à tout ce que nous disons, de la vivacité, de la noblesse, et même une certaine fierté qui fixe l'attention et l'intéresse davantage. Cet Argument se nomme *Enthymème*, et s'emploie très-fréquemment dans les ouvrages polémiques, dans les discours oratoires, en général dans tous les écrits. Sa forme est facile à saisir : ce sont deux propositions dont l'une se nomme l'*Antécédent*, et l'autre le *Conséquent*. Elles sont l'abrégé d'un Raisonnement composé de trois propositions, et l'impression qu'elles font dans l'esprit est la même. Ainsi je pourrois dire longuement et n'allant que pas à pas :

Celui qui peut conserver, peut perdre :
Or, j'ai pu te conserver :
Donc je te pourrai perdre.

Mais que mon expression est bien plus noble, bien plus vigoureuse, bien plus rapide, si, sous-entendant la première proposition, je dis :

Je t'ai pu conserver, ne puis-je donc te perdre?

Je dirois, en trois propositions bien développées :

L'homme n'est pas immortel :
Or, je suis homme :
Donc je ne suis pas immortel.

mais je veux sous-entendre la seconde, et je dis avec plus d'énergie :

Je suis homme :
Donc je ne suis pas immortel.

La Fontaine, dans son admirable fable des *Animaux malades de la peste*, termine par le plus gracieux Enthymème, le portrait touchant qu'il fait de ce cruel fléau :

« Ils ne mouroient pas tous, mais tous étoient frappés.
» On n'en voyoit point d'occupés
» A chercher le soutien d'une mourante vie :
» Nul mets n'excitoit leur envie.
» Ni loups ni renards n'épioient
» La douce et l'innocente proie.
» Les tourterelles se fuyoient ;
» *Plus d'amour, partant plus de joie* ».

Le dernier vers est l'Enthymème ; comme il est naïf ! comme il est naturel ! Si le

Poète eût dit : *L'amour seul peut causer de la joie, or, les tourterelles n'avoient plus d'amour; donc elles n'avoient plus de joie;* qu'il eût été loin de l'heureuse simplicité, de la charmante réticence, avec lesquelles il conclut : *Plus d'amour, partant plus de joie!*

On voit la même expression et la même tournure, quoiqu'il n'y ait pas la même délicatesse, dans la fable *de l'Homme entre deux âges et ses deux Maîtresses.*

« Un homme de moyen âge,
» Et tirant sur le grison,
» Jugea qu'il étoit saison
» De songer au mariage.
» *Il avoit du comptant,*
» *Et partant*
» *De quoi choisir* ».

Comme s'il y avoit : *On a droit de choisir, quand on a de l'argent : Or, cet homme avoit de l'argent : Donc il pouvoit choisir.*

Mais où trouver des Enthymèmes mieux exposés et plus rapprochés des règles, que dans la fable *des Souris et du Hibou?*

La Fontaine, après avoit conté qu'un Hibou nourrissoit, dans le tronc d'un vieux Pin, des Souris auxquelles il coupoit les pattes pour les empêcher de fuir et s'en repaître quand il lui plairoit, en conclut, contre le sentiment de Descartes, que cet oiseau raisonnoit et n'étoit point un automate, une pure machine à ressorts, et il dit :

« Si ce n'est pas là raisonner,
» La chose m'est inconnue ».

Puis il ajoute :

« Voyez que d'argumens il fit.
» *Quand ce peuple est pris, il s'enfuit :*
» *Donc il faut le croquer, aussitôt qu'on le happe.*
» *Tout? Il est impossible. Et puis, pour le besoin*
» *N'en dois-je pas garder? Donc il faut avoir soin*
» *De le nourrir sans qu'il échappe.*
» *Mais comment? Otons-lui les pieds* ».

Ce peuple s'enfuit dès qu'il est pris : Donc il faut le croquer dès qu'on le prend : Premier Enthymème très-exact.

On ne peut tout manger à la fois, et d'ailleurs il en faut garder pour le be-

soin : Donc il faut le nourrir sans qu'il échappe : Second Enthymème aussi régulier.

On ne peut le nourrir pour le conserver au besoin sans lui ôter les moyens de la fuite : Donc il faut lui couper les pieds : Troisième Enthymème non moins solide, non moins rigoureux que les deux premiers. Et remarquez que les trois ensemble font un Sorite très-bien amené : aussi LA FONTAINE dit-il dans les trois derniers vers :

« . . . . Or, trouvez-moi
» Chose par les humains à sa fin mieux conduite.
» Quel autre art de penser Aristote et sa suite
» Enseignent-ils par votre foi » ?

Nous avons annoncé que l'Enthymème donnoit de l'énergie et de la noblesse au discours, mais il faut pourtant en faire un usage modéré : car, trop répété, il produiroit de la sécheresse et une certaine âpreté de style qui se ressentiroit beaucoup de l'argumentation scholastique. Il est l'arme favorite de tous ceux qui disputent sur les bancs et qui veulent *serrer* vivement leur adversaire ; mais on sait qu'ils préfèrent la rigueur à la grâce, et qu'ils ne se donnent point pour des modèles d'élocution. Quoi qu'il en soit, nous pouvons dire en passant, que dans beaucoup d'argumentations philosophiques ou théologiques, l'Enthymème ne paroît pressant et terrible, que parce que la réticence qu'il suppose n'est pas assez saisie : la liaison de la proposition sous-entendue avec celles que l'on exprime est trop peu sentie, pour que l'on détermine sur-le-champ quelle doit être la conséquence. De-là viennent l'équivoque et l'embarras, sans que l'Argument en ait plus de vigueur. En général, pour juger de la force ou de la foiblesse, de la justesse ou de la fausseté d'un Enthymème, il suffit de se rendre familier tout ce que nous avons dit sur l'*Antécédent*, le *Conséquent* et la *Conséquence*. Si d'ailleurs il s'élève le moindre doute, il n'y a qu'à rappeler la proposition sous-entendue; et alors ce qui se trouve de faux ou de confus, paroît au grand jour ;

et se développe aussitôt. Par exemple, on me propose l'Enthymème suivant :

Je doute que j'existe; donc j'existe.

Ne suis-je pas sûr de la conséquence, ou la crois-je fausse? Un simple coup-d'œil sur ce qu'il y a de supprimé fixe tous mes doutes ou me désabuse; car, en complétant le raisonnement, je vois que *douter de son existence, c'est penser; penser, c'est exister;* la conséquence est donc exacte et l'Enthymème est juste.

Me dit-on :

L'homme est libre;
Donc il est heureux?

Je ne vois pas assez de rapport entre ces deux propositions; j'examine donc aussitôt quelle est la réticence. Je trouve que c'est cette proposition : *Quiconque est libre est l'artisan de son bonheur ou de son malheur;* ce qui suffit pour me faire croire que la conséquence est, sinon fausse, au moins fort douteuse; car, quoique l'homme puisse être heureux par la liberté, il ne s'ensuit aucunement qu'il le soit.

Souvent l'Enthymème n'est pas complet, ou n'offre point un *Antécédent* et un *Conséquent* séparés, alors il s'appelle *Sentence Enthymématique*. Telles sont les sentences suivantes :

Mortel, ne garde pas une haine immortelle.
Pécheur, crains les jugemens de ton Dieu.
Chétive créature, de quoi peux-tu t'enorgueillir?
Homme, souviens-toi que tu n'es que cendre et poussière.

Comme si l'on disoit :

Quiconque est mortel ne doit pas garder une haine immortelle : Or, tu es mortel : Donc, etc.
Un pécheur doit redouter les jugemens de Dieu : Or, tu es pécheur : Donc, etc.
Une créature foible et méprisable ne doit pas s'enorgueillir : Or, tu n'es qu'une créature, etc. Donc, etc.
Un homme n'est que cendre et poussière : Or, tu es un homme : Donc, etc.

ou plus simplement et par Enthymèmes ;

Tu n'es qu'un mortel : Donc tu ne dois pas garder une haine immortelle.

et ainsi des autres.

Les

Les grands Poètes nous fournissent encore assez fréquemment des Enthymèmes ou des sentences enthymématiques.

Racine fait dire à Hippolyte :

« Dieux ! qu'est-ce que j'entends ? Madame, oubliez-vous
» Que Thésée est mon père, et qu'il est votre époux » ?

Phèdre répond :

« Et sur quoi jugez-vous que j'en perds la mémoire,
» Prince ? Aurois-je perdu tout le soin de ma gloire » ?

Acte II, scène V.

Ailleurs Aricie s'écrie :

« L'insensible Hippolyte est-il connu de toi ?
» Sur quel frivole espoir penses-tu qu'il me plaigne,
» Et respecte en moi seule un sexe qu'il dédaigne ?
» Tu vois depuis quel temps il évite nos pas,
» Et cherche tous les lieux où nous ne sommes pas.

Et dans un autre endroit, Hippolyte :

« *Si je la haïssois, je ne la fuirois pas* » !

Dans *Iphigénie*, Acte V, Scène V, Clytemnestre apercevant Ulysse, dont elle connoît les funestes conseils, exprime ainsi ses alarmes :

« J'irai partout.... Mais, dieux ! ne vois-je pas
Ulysse ?
» C'est lui. *Ma fille est morte ! Arcas, il n'est*
plus temps » !

Et, Scène suivante, aussitôt qu'Ulysse lui a dit :

« Non, votre fille vit, et les Dieux sont contens.
» Rassurez-vous : le ciel a voulu vous la rendre ».

Elle répond avec chaleur :

« *Elle vit ! Et c'est vous qui venez me l'ap-*
prendre » !

On l'a déjà entendue, Acte III, Scène V, s'écrier :

« *Les Dieux ordonneroient un meurtre abomi-*
nable » !

Dans *Rome sauvée*, de VOLTAIRE, Catilina dit, en parlant de sa patrie :

« *Moi, je la trahirois ; moi, qui l'ai su défendre !*

Et plus loin, quand il avoue que si

quelque chose l'alarme, c'est.... et surtout *son épouse*, Céthégus reprend :

« *Ton épouse? Tu crains une femme, et des pleurs* »?

J. B. Rousseau, dans sa belle Ode tirée du Psaume XLVIII, *sur l'aveuglement des hommes du siècle*, dit avec un véritable enthousiasme :

« Vous avez vu tomber les plus illustres têtes ;
» *Et vous pourriez encore, insensés que vous êtes,*
» *Ignorer le tribut que l'on doit à la mort!*
» . . . .
» Justes, ne craignez point le vain pouvoir des hommes ;
» *Quelqu'élevés qu'ils soient, ils sont ce que nous sommes :*
» *Si vous êtes mortels, ils le sont comme vous.*
» Nous avons beau vanter ces grandeurs passagères,
» Il faut mêler sa cendre aux cendres de ses pères ;
» Et c'est le même Dieu qui nous jugera tous ».

Quoi de plus *enthymématique* et de plus sentencieux que ce Dialogue entre Œdipe et sa fille Ismène?

OEDIPE.

« Quoi donc? avez-vous déjà quelqu'espérance

» que les Dieux daigneront me regarder, et s'oc-
» cuper du salut de mes jours ?

ISMÈNE.

» Oui, sans doute, mon père, et plusieurs
» oracles l'assurent.

OEDIPE.

» Quels sont ces oracles, ma fille ? et qu'ont-
» ils prédit ?

ISMÈNE.

» Qu'ici même, pendant votre vie, et après
» votre mort, les peuples vous rechercheront
» pour leur propre sûreté.

OEDIPE.

» Et quel secours pourroit-on attendre d'un
» mortel dans l'état où je suis ?

ISMÈNE.

» C'est en vous seul, disent-ils, que résident
» leurs forces.

OEDIPE.

» C'est donc parce que je ne suis plus rien,
» que je deviens un homme important à leurs
» yeux !

ISMÈNE.

» C'est que les Dieux vous relèvent, après
» vous avoir abattu.

OEDIPE.

» Il est malaisé de relever dans la vieillesse,
» celui qui fut abattu dans son jeune âge ».

Sophocle, *trag. d'Œdipe à Colone.*
Depuis le vers 398 jusqu'au 408.

DU SYLLOGISME (1).

Destiné principalement aux dissertations et aux disputes philosophiques, le *Syllogisme* n'a rien de sous-entendu et de caché : il détaille dans trois propositions tout ce que conçoit l'âme. Moins saillant et moins rapide que l'Enthymème, il est plus sûr et plus exact; et s'il entre rarement dans la conversation des hommes, parce qu'il la ralentiroit et lui donneroit le ton de l'Argumentation, il est d'un usage toujours heureux dans les plaidoyers, dans les mémoires et dans les ouvrages polémiques.

---

(1) Συλλογισμὸς, *Syllogismos*, de συλλογίζομαι, *Syllogizomai*, *j'établis un rapport*, *je raisonne.*

Mais sans nous arrêter à vanter son mérite ou à le venger de la monotonie qu'on lui reproche, en ce qu'il répète une proposition que l'on pourroit aisément sous-entendre, et dont l'expression devient ennuyeuse dès-lors qu'elle est inutile (c'est ce qui fait nommer l'Enthymème *Syllogisme tronqué*), voyons quelle est sa nature et quelles sont ses règles : peut-être qu'on lui pardonnera sa lenteur en faveur de sa clarté, de sa noblesse et de bien d'autres avantages que nous lui découvrirons (1). Il faut bien qu'il soit intéressant, et même plus intéressant que les autres raisonnemens, puisque c'est celui dont les lois sont les plus belles, les plus nombreuses, et le plus exactement démontrées. C'est un des chef-d'œuvres du grand *Aristote*, ce vaste et

---

(1) La *Logique de Port-Royal* ne lui a point rendu cette justice; et par une exagération que rien ne corrige, elle prétend que *ce qui rend ces sortes d'argumens si rares dans la vie des hommes, c'est que, sans même y faire réflexion, on s'éloigne de ce qui ennuie, et l'on se réduit à ce qui est précisément nécessaire pour se faire entendre.*

puissant génie dont les immenses connoissances seront toujours, pour les savans, l'objet de la plus profonde étude; mais dont les productions dialectiques ont été malheureusement noyées dans les commentaires barbares d'une troupe d'ignorans, et tournées en ridicule par des êtres plus ignorans encore que les commentateurs.

Je voudrois bien qu'il me fût permis de développer ces règles admirables avec toute la rigueur qu'exige leur beauté pour être bien connue; mais les lecteurs pour qui j'écris, me reprocheroient bientôt que ce seroit les plonger dans des *abstractions* et des *difficultés*, que je me propose de leur épargner. Cependant n'en rien dire, est un sacrifice qui coûte trop à l'amour que j'ai pour elles, et au plaisir que j'aurois de les voir aimer par de jeunes cœurs qui cherchent la vérité : que faire donc? Je vais prendre un parti mitoyen, c'est-à-dire, que je n'effraierai personne par un détail rigoureux de démonstrations géométriques, et que je fondrai sans appareil toutes ces lois en réflexions simples, que chacun fera même avant moi. J'espère que le peu que j'en aurai dit suffira pour les faire reconnoître, quand on voudra les voir dans tout leur éclat.

NATURE DU SYLLOGISME.

Le *Syllogisme* est un raisonnement composé de trois propositions, dont les deux premières se nomment *Prémisses*, et la dernière *Conclusion*. Le mot de *Prémisse* est synonyme d'*Antécédent*; car *praemissa* vient de *praemittere*, *mettre en avant*, comme *antecedens* vient d'*antecedere*, *marcher en avant* : ainsi une proposition *prémisse* est la même chose qu'une proposition *antécédente*, l'une et l'autre sont *mises en avant* pour annoncer une conséquence. Mais comme le mot d'*Antécédent* est affecté particulièrement à la première proposition de l'Enthymème, on a mieux aimé, pour éviter la confusion, donner le nom de *Prémisses* aux deux premières propositions du Syllogisme.

L'une de ces deux prémisses s'appelle *Majeure*, et l'autre *Mineure*. La *Majeure* est ainsi nommée, parce que c'est une proposition qui contient l'attribut de la conclusion connu sous le nom de *grand extrême*, *extremum* MAJUS (et de MAJUS est venue *Propositio* MAJOR); la *Mineure* contient le sujet de la conclusion appelé *petit extrême*, *extremum* MINUS, et par-là même (à cause du mot MINUS) elle doit se nommer *Mineure*.

Mais que signifient *grand et petit extrêmes?* Le voici, rien n'est plus simple. N'est-il pas vrai que quand nous voulons connoître la longueur d'un corps, d'une muraille par exemple, nous portons successivement d'une extrémité à l'autre une mesure commune, soit un pied, soit une toise? Nous plaçons donc notre mesure entre deux *extrémités* ou *extrêmes*, pour estimer leur distance; et si nous voulions distinguer ces deux *extrêmes*, nous leur donnerions des noms différens, comme d'*extrême oriental* et d'*extrême occidental*. Eh bien! passons du physique à l'intellectuel, et l'opération sera précisément la même : nous mesurerons de part et d'autre; et nous chercherons, par le Syllogisme, un rapport entre deux idées, ainsi que nous évaluons en pieds et en pouces une distance physique. Pourquoi donc ne pourrions-nous pas envisager au figuré, nos deux idées comme *deux extrêmes* que nous voulons apprécier par la comparaison et le rapprochement? La métaphore n'a rien que de très-juste, puisque, au figuré comme au propre, c'est exactement la même manière d'agir. Or, si les deux idées que nous comparons peuvent être nommées *extrêmes*, celle qui doit, après l'examen, faire l'office d'attribut dans la conclusion, ayant plus d'étendue, ne peut-elle pas s'appeler le *GRAND extrême*? et le nom de *PETIT extrême* ne convient-il pas à l'autre?

Ainsi le Syllogisme est la comparaison de deux idées par le moyen d'une troisième qui sert de mesure commune : les deux idées à comparer sont les deux *extrêmes*, et l'idée avec laquelle on les compare est le terme *moyen*. On ne peut comparer les deux *extrêmes* avec le *moyen*, que l'un après l'autre ; il y a donc deux comparaisons. Chacune des deux comparaisons énonce le rapport qui se trouve entre un *extrême* et le *moyen* ; cet énoncé est une proposition : il y a donc deux propositions qui doivent précéder la conséquence. Chacune des deux propositions contient le *moyen* confronté avec un *extrême* : le *moyen* est donc employé deux fois, et les deux propositions sont caractérisées par la nature de l'*extrême* qu'elles renferment. Rien, je crois, ne peut être plus clair ; mais s'il restoit quelque nuage, un exemple va le dissiper.

Je veux prouver que *le Mensonge est odieux* ; ce sera là la conséquence du Syllogisme que je vais faire : autrement, cette proposition *le Mensonge est odieux*, sera ma conclusion. Or, il y a plus de choses *odieuses* qu'il n'y a de *Mensonges* ; ainsi l'idée d'*odieux* a plus d'étendue que l'idée de *Mensonge* : l'idée d'*odieux* est donc le *grand extrême*, et l'idée de *Mensonge* est le *petit*. Je suppose ne pas connoître le rapport qui est entr'eux ; il faut donc que je le cherche, en les confrontant avec une idée intermédiaire qui sera mon *moyen terme*. Quelle idée choisirai-je pour servir ainsi de mesure commune ? Je prends l'idée de *vice*. Je la compare d'abord avec le grand extrême *odieux*, et il en résulte cette proposition : *Tout vice est odieux*. Je la compare ensuite avec le petit extrême, *Mensonge*, et j'ai cette seconde proposition : *Le Mensonge est un vice*. Mais il est de toute vérité, que si *le Mensonge est un vice* et que *tout vice soit odieux*, le *Mensonge* est lui-même une chose odieuse (1) ; j'ai donc le droit de tirer une conclusion qui dise : *Donc le Mensonge est odieux*. En effet,

---

(1) Cette vérité est un axiome qui s'énonce ainsi en Logique : *Duo quae sunt quid idem cum tertio, sunt eadem inter se : Deux objets qui sont une même chose avec un troisième, sont une même chose entr'eux :* et le revers de cet axiome est l'axiome suivant : *Duo quorum unum est idem cum tertio, alterum verò non est idem, non sunt eadem inter se : Deux objets dont l'un est une même chose avec un troisième, tandis que l'autre ne l'est point, ne sont point une même chose entr'eux.*

par le moyen des deux comparaisons supérieures, j'ai fait voir que *Mensonge* étoit la même chose que *vice*, et que *vice* étoit la même chose qu'*odieux*; par conséquent, *Mensonge* et *odieux* sont une même chose, et nous avons un Syllogisme dans toutes les formes dont la première prémisse est la *majeure*, parce qu'elle contient le plus grand extrême *odieux* comparé avec le moyen terme *vice* :

Tout vice est odieux :
Or, le Mensonge est un vice :
Donc le Mensonge est odieux.

Est-il essentiel que la première proposition soit la *majeure?* Nullement : en voici la preuve. Nous pouvons dire, sans rien changer dans la valeur des termes.

Le Mensonge est un vice :
Or, tout vice est odieux :
Donc le Mensonge est odieux.

Il est évident que nous commençons ici par la *mineure*, puisque *Mensonge* (petit extrême) est comparé avec *vice* (moyen terme) dans la première proposition.

Me demande-t-on si un avare est malheureux? Je réponds qu'il l'est, et je le prouve aussitôt par un Syllogisme, en prenant *la crainte* pour *moyen terme* entre les deux extrêmes *avare* et *malheureux*.

Quiconque est toujours dans la crainte est malheureux :
Or, un avare est toujours dans la crainte :
Donc un avare est malheureux.

Le moyen terme *crainte* est comparé avec l'extrême *malheureux* dans la première proposition; et cet extrême est le *plus grand*, puisqu'il y a plus de *malheureux* que *d'avares*; la première proposition est donc la *majeure*. La seconde, qui contient le petit extrême *avare*, est la *mineure*; et les deux extrêmes *avares* et *malheureux* sont réunis dans la conclusion, parce qu'ils ont été unis tour à tour avec le *moyen terme* dans les deux Prémisses.

J'aurois pu débuter par la *mineure*, en comparant d'abord le *petit extrême* avec le *moyen terme*, et j'aurois mis :

Un avare est toujours dans la crainte :

Or, quiconque est dans la crainte est malheureux :
Donc un avare est malheureux.

J'aurois même pu commencer par la *conclusion*, en disant :

Un avare est malheureux :
Car on est malheureux quand on craint :
Or, un avare craint toujours.

La *majeure* eût été au milieu, et la *mineure* à la fin. Cette inversion est fort fréquente ; et sur dix Syllogismes que font ceux qui dans les écoles s'exercent, par devoir, à la forme de l'argumentation, il y en a six qui commencent par une véritable *mineure*, quoique l'usage soit de dire en répondant à la première proposition : Je *nie*, j'*accorde*, je *distingue* la majeure. Mais il n'en résulte aucun inconvénient, ni pour la nature du syllogisme, ni pour la discussion des matières que l'on examine : il est même rare de trouver dans les auteurs les prémisses et la conclusion rangées et développées comme elles le sont dans les deux exemples que nous venons de donner. Tantôt la conclusion est renvoyée après de longues explications, ou précède de beaucoup la *majeure* et la *mineure :* tantôt les deux prémisses sont séparées l'une de l'autre par d'assez grands intervalles. En général, pour donner au raisonnement plus de vicacité, plus de grâce et de cette légéreté que n'a point l'Ecole et que désire le monde, on le modifie de mille manières différentes; et ces changemens ne font que l'embellir sans l'altérer.

Boileau, dans la satire *de l'Homme*, c'est-à-dire dans la VIIIe, fait un Syllogisme dont la conclusion est tout ce qui précède et tout ce qui suit :

« Ces propos, diras-tu, sont bons dans la satire,
» Pour égayer d'abord un lecteur qui veut rire :
» Mais il faut les prouver. En forme. J'y consens.
» Réponds-moi donc, docteur, et mets toi sur les bancs.
» Qu'est-ce que la Sagesse? Une égalité d'âme,
» Que rien ne peut troubler, qu'aucun désir n'enflamme,
» Qui marche en ses conseils à pas plus mesurés,
» Qu'un doyen au palais ne monte les degrés :
» Or, cette égalité dont se forme le sage,
» Qui jamais moins que l'homme en a connu l'usage »?

Nous avons bien dans les six derniers vers une *mineure* et une *majeure* très-caractérisées; *La sagesse est une égalité d'âme inaltérable : or, l'homme n'a point cette égalité.* Mais la *conclusion*, où se trouve-t-elle? Elle est dans ce début violent :

« De tous les animaux qui s'élèvent dans l'air,
» Qui marchent sur la terre, ou nagent dans la mer;
» De Paris au Pérou, du Japon jusqu'à Rome,
» Le plus sot animal, à mon avis, c'est l'homme.

Elle est dans cette Induction :

« Voilà l'homme en effet, il va du blanc au noir;
» Il condamne au matin ses sentimens du soir.
» Importun à tout autre, à soi-même incommode,
» Il change à tous momens d'esprit comme de mode :
» Il tourne au moindre vent, il tombe au moindre choc :
» Aujourd'hui sous un casque, et demain dans un froc ».

Elle est enfin dans toute la satire; et surtout dans le dernier vers que prononceroit, s'il pouvoit parler, l'*Ane* témoin des bizarreries de l'homme ;

« Ma foi, non plus que nous, l'homme n'est
qu'une bête ».

Si nous la réunissons avec les deux prémisses, nous aurons le Syllogisme entier ramassé dans les trois propositions suivantes :

« La sagesse est une parfaite égalité d'âme :
» Or, l'homme n'a jamais connu cette égalité :
» Donc l'homme n'a jamais connu la sagesse ».

La *Sagesse* est le *petit extrême*, et l'*homme* le *grand ;* l'*égalité d'âme* est le *moyen terme :* la première proposition contient les deux idées de *sagesse* et d'*égalité ;* elle est donc la *mineure :* mais elle est ornée dans les vers, et plus belle qu'en prose.

Le même Poète nous offre un autre Syllogisme dans sa dixième satire, quand, après avoir tracé avec le plus grand art tous les caractères qui peuvent détourner Alcippe de prendre une femme, il finit par celui de la *Plaideuse*, et prouve que l'infortuné mari ne doit pas même penser à la séparation :

« Alcippe, tu crois donc qu'on se sépare ainsi?
» Pour sortir de chez toi, sur cette offre offensante,
» As-tu donc oublié qu'il faut qu'elle y consente?
» Et crois-tu qu'aisément elle puisse quitter
» Le savoureux plaisir de t'y persécuter »?

Ici la *conclusion* est la première proposition, c'est-à-dire, le premier vers; la *majeure* est la seconde ou les deux vers suivans; et la troisième est la *mineure*, dans les deux derniers vers. On peut s'en assurer en traduisant en style d'école l'argument poétique; on diroit :

« Pour se séparer de toi, il faut qu'elle y consente;
» Or, elle n'y consentira jamais :
» Donc jamais elle ne se séparera ».

Dans Racine, *Hippolyte* croyant, ou feignant de croire, que le trouble dont lui parle *Phèdre*, a pour cause la nouvelle de la mort de *Thésée*, dit à cette Princesse :

« Madame, il n'est pas temps de vous troubler encore;
» Peut-être, votre époux voit encore le jour.
» Le ciel peut à nos pleurs accorder son retour;

» Neptune le protége, et ce dieu tutélaire
» Ne sera pas en vain imploré par mon père ».

La forme logique de ce Raisonnement seroit :

Il n'est pas encore temps, Madame, de vous livrer à la douleur, s'il est possible que votre époux soit encore au nombre des vivans; or, non-seulement il est possible qu'il respire, mais nous devons l'espérer, puisque Neptune le protége. Donc, etc.

Phèdre lui répond :

« On ne voit point deux fois le rivage des morts,
» Seigneur : puisque Thésée a vu les sombres bords,
» En vain vous espérez qu'un Dieu vous le renvoie :
» Et l'avare Achéron ne lâche point sa proie ».

Acte II, scène V.

La prose eût dit simplement, suivant les règles :

On ne revient plus à la vie, Seigneur, quand on a subi le trépas; or, ce trépas, Thésée l'a subi. Donc vous ne devez pas compter sur son retour.

J. B. Rousseau, dans son Ode à M. le Comte du Luc, prouve par une période syllogistique, et ce sont les deux Stances qui terminent cette Ode, que l'*on ne peut parvenir à l'immortalité qu'en s'écartant de la route commune :*

« Celui qui se livrant à des guides vulgaires,
» Ne détourne jamais des routes populaires
» Ses pas infructueux,
» Marche plus sûrement dans une humble campagne
» Que ceux qui, plus hardis, percent de la montagne
» Les sentiers tortueux.
» Toutefois c'est ainsi que nos maîtres célèbres
» Ont dérobé leurs noms aux épaisses ténèbres
» De leur antiquité;
» Et ce n'est qu'en suivant leur périlleux exemple
» Que nous pouvons, comme eux, arriver jusqu'au temple
» De l'Immortalité ».

Voici la substance du Raisonnement :

Les célèbres poètes de l'antiquité n'ont rendu leur nom immortel qu'en se traçant hardiment des routes inconnues et périlleuses; or, quiconque aime à marcher dans le sentier battu, évite ces routes difficiles et dangereuses. Donc il ne peut immortaliser son nom.

Le même Auteur, dans son Épître à

Thalie, s'attache à prouver que si la bonne comédie est déchue de l'état brillant où l'avoit portée *Molière*, c'est à notre légéreté qu'il faut attribuer cette décadence ; il entre ainsi en matière :

« C'est donc à vous, ô divine Thalie,
» A m'enseigner comment s'est rétablie,
» Sous un mortel guidé par votre main,
» L'intégrité du Théâtre Romain ;
» Et par quel sort jaloux de notre gloire,
» De vos leçons bannissant la mémoire,
» Tout de nouveau nous le faisons rentrer
» Dans le chaos dont il sut le tirer.
» De ce progrès, de cette décadence,
» L'effet certain s'offre avec évidence.
» Tâchons ici d'en marquer, s'il se peut,
» Le vrai principe et l'invisible nœud ».

Puis il établit deux propositions capitales, d'où il laisse tirer la conséquence qu'il désiroit :

« Tout institut, tout art, toute police
» Subordonnée au pouvoir du caprice,
» Doit être aussi, conséquemment, pour tous
» Subordonnée à nos différens goûts.
» Mais de ces goûts la dissemblance extrême,
» A le bien prendre, est un foible problème :

» Et, quoi qu'on dise, on n'en sauroit jamais
» Compter que deux; l'un bon, l'autre mauvais.
» Par des talens que le travail cultive,
» A ce premier, pas à pas on arrive;
» Et le public, que sa bonté prévient,
» Pour quelque temps s'y fixe et s'y maintient:
» Mais éblouis enfin par l'étincelle
» De quelque mode inconnue ou nouvelle,
» L'ennui du beau nous fait aimer le laid,
» Et préférer le moindre au plus parfait ».

Analysons ce gracieux développement, et nous dirons :

Notre légéreté est la seule cause de l'état de foiblesse où est retombé le théâtre comique;

En effet, tout art est soumis à nos différens goûts; et le nombre de ces goûts divers, quelque multiplié qu'il paroisse, doit se réduire à deux, le bon et le mauvais; or, nous n'arrivons au bon qu'avec peine; et nous nous y attachons peu, parce que, frivoles et légers, éblouis par la mode, ennuyés du beau devenu trop uniforme, nous préférons le moins parfait. Donc si nous ne marchons plus sur les traces de Molière, c'est notre légéreté, c'est l'inconstance de nos goûts qu'il en faut accuser.

Qu'il me soit permis encore de rappeler l'hommage que ce grand Poète aime à rendre au mérite de *Rollin ;* nous y trouverons un tissu de raisonnemens, une dialectique sévère, dont la force, sans aucune âpreté, perce et se fait sentir à travers les charmes de la poésie. Je crois, d'ailleurs, que, sous tous les rapports, de semblables extraits ne peuvent qu'intéresser le cœur des jeunes gens, et favoriser leur instruction.

« Docte héritier des trésors de la Grèce,
» Qui, le premier, par une heureuse adresse,
» Sus dans l'histoire associer le ton
» De Thucydide à la voix de Platon,
» Sage ROLLIN, quel esprit sympathique
» T'a pu guider dans ce siècle critique,
» Pour échapper à tant d'essaims divers,
» D'âpres censeurs qui peuplent l'univers?
» Toujours croissant de volume en volume,
» Quel bon génie a dirigé ta plume?
» Par quel bonheur, enfin, ou par quel art,
» As-tu forcé le volage hasard,
» L'aveugle erreur, la chicane insensée,
» De te laisser en pleine sûreté
» Jouir vivant de ta postérité,
» Et de changer, pour toi seul, sans mélange,
» Leurs cris d'angoisse en concert de louange?
» Tout écrivain vulgaire ou non commun
» N'a proprement que de deux objets l'un;
» Ou

» Ou d'éclairer par un travail utile,
» Ou d'attacher pour l'agrément du style :
» Car sans cela quel auteur, quel écrit
» Peut par les yeux percer jusqu'à l'esprit ?
» Mais cet esprit lui-même en tant d'étages
» Se subdivise à l'égard des ouvrages,
» Que du public tel charme la moitié,
» Qui très-souvent à l'autre fait pitié.
» Du sénateur la gravité s'offense
» D'un agrément dépourvu de substance;
» Le courtisan se trouve effarouché
» D'un sérieux d'agrément détaché :
» Tous les lecteurs ont leurs goûts, leurs manies :
» Quel auteur donc peut fixer leurs génies ?
» Celui-là seul qui, formant le projet
» De réunir et l'un et l'autre objet,
» Sait rendre à tous l'utile délectable,
» Et l'attrayant utile et profitable :
» Voilà le centre et l'immuable point
» Où toute ligne aboutit et se joint.
» Or, ce grand but, ce point mathématique,
» C'est le vrai seul, le vrai qui nous l'indique :
» Tout hors de lui n'est que futilité,
» Et tout en lui devient sublimité.
» Sur cette règle, ami, le moindre Œdipe
» Peut deviner la source et le principe
» De ce succès qui pour toi parmi nous
» Accorde, unit et fixe tous les goûts.
» La vérité simple, naïve et pure,
» Partout marquée au coin de la Nature,

» Dans ton histoire offre un sublime essai,
» Où tout est beau parce que tout est vrai ».

Livre II, épître IV, à M. ROLLIN.

Nous ne ferons point remarquer ici les Inductions, les Dilemmes ou *Disjonctives*, et les Épichérèmes que présente ce morceau; il nous suffira, pour notre objet, d'en détacher seulement un *Syllogisme*, et de montrer qu'il est dans la forme la plus rigoureuse.

Il s'agit de prouver que le vrai seul est ce qui peut concilier et fixer tous les goûts; et le Poète fait ce raisonnement :

Nul auteur ne peut fixer les goûts divers des lecteurs, s'il ne réunit l'utile à l'agréable; or, le vrai seul peut opérer cette réunion, qui est le but essentiel et le point mathématique vers lequel doivent tendre tous les efforts d'un auteur. Donc le vrai seul peut accorder et fixer tous les goûts.

Enfin, LA FONTAINE, dans la fable de la *Chauve-Souris et des deux Belettes*, fait faire à la chauve-souris deux excellens Syllogismes pour sauver sa vie. La première belette, dans le nid de laquelle elle tombe imprudemment, lui demande d'un ton menaçant si elle n'est pas souris :

« Moi souris ! Des méchans vous ont dit ces nouvelles.
» Grâce à l'Auteur de l'univers,
» Je suis oiseau ; voyez mes ailes :
» Vive la gent qui fend les airs » !

L'étourdie va se *fourrer aveuglément* chez une autre belette qui veut la manger en qualité d'oiseau ; mais elle répond :

« Moi pour telle passer ! vous n'y regardez pas.
» Qui fait l'oiseau ? C'est le plumage.
» Je suis souris : vivent les rats !
» Jupiter confonde les chats » !

A quoi se réduit la première réponse de la chauve-souris ? A ce raisonnement :

Un oiseau a des ailes :
Or, j'en ai :
Donc je suis oiseau.

Et n'est-ce pas un très-bon Syllogisme ? Nous en voyons un autre aussi concluant dans la seconde repartie :

Un oiseau a des plumes :

Or, je n'en ai point :
Donc je ne suis pas oiseau.

Le moucheron raisonne aussi par Syllogisme, lorsqu'insulté, il déclare la guerre au lion ;

« Va-t-en, chétif insecte, excrément de la terre.
» C'est en ces mots que le Lion
» Parloit un jour au Moucheron :
» L'autre lui déclara la guerre.
» Penses-tu, lui dit-il, que ton titre de roi
» Me fasse peur, ni me soucie !
» Un Bœuf est plus puissant que toi,
» Je le mène à ma fantaisie ».

Vit-on jamais un Syllogisme plus fier et plus serré ?

Un Bœuf est plus puissant que toi :
Or, je me moque d'un Bœuf :
Donc je puis me moquer de toi.

Ces différentes modifications n'empêchent point, comme on le voit, qu'il n'y ait dans le raisonnement deux *extrêmes* comparés tour à tour avec un *moyen*, et une *conclusion* qui expose leur rapport ; mais il en est d'autres qui paroissent l'embarrasser, le compliquer et changer sa forme. C'est ce qui a porté les Logiciens à distinguer les Syllogismes en *simples*, *complexes* et *conjonctifs*. Ils sont *simples*, disent-ils, quand le *moyen terme* n'est joint à la fois qu'à l'un des deux *extrêmes* pour former deux prémisses bien séparées ; tels sont tous ceux que nous venons de faire. Ils sont *conjonctifs*, lorsque les deux *extrêmes* se trouvent ensemble avec le *moyen* dans la *majeure*, c'est-à-dire, lorsque, par quelque liaison de particule, la *majeure* contient la *mineure*. Ils sont *complexes* toutes les fois que la conclusion et l'une des prémisses renferment une proposition incidente. Donnons des exemples, et nous verrons que ces différences sont bien légères, ou que, si le Syllogisme en souffre, il est très-aisé de le ramener à sa vraie forme.

Les magistrats doivent être honorés ;
Or, un juge est un magistrat :
Donc un juge doit être honoré.

Voilà bien ce que l'on appelle un Syllogisme *simple* ; mais si je dis :

La loi divine commande d'honorer les magistrats :

Or, un juge est un magistrat :
Donc la loi divine commande d'honorer un juge;

je fais, dit-on, un Syllogisme *complexe*, parce que sa *majeure* et sa *conclusion* sont deux propositions complexes : cela est vrai; mais ce changement est-il bien considérable? J'assure dans le premier Syllogisme que *l'honneur est dû aux magistrats*. Je l'assure aussi dans le second, mais en ajoutant, par une proposition incidente, que c'est en *vertu de la loi divine*; la *mineure*, de part et d'autre, fait voir qu'un juge est un magistrat; *l'honneur* lui est donc *dû*; et c'est ce qu'énoncent mes deux *conclusions*, la première purement et simplement comme je l'avois prouvé, la seconde avec l'addition *en vertu de la loi divine*, ainsi que je l'avois indiqué. N'est-ce pas exactement la même conséquence? Rendons maintenant le premier Syllogisme *conjonctif* : rien n'est plus facile; il suffit d'ajouter une condition à la *majeure*, et de dire :

Si un juge est un magistrat, comme il faut honorer tous les magistrats, on doit honorer un juge;

Or, un juge est un magistrat :
Donc il faut honorer un juge.

Le sens est-il altéré! le Syllogisme *simple* est-il détruit ? est-il même compliqué? Nous l'avons, cependant, métamorphosé en un de ces Syllogismes *conjonctifs*, que l'on regarde comme difficiles et faisant classe à part; car on voit dans la majeure le petit extrême *un juge* et le grand extrême *honoré*, comparé avec le moyen terme *magistrat;* ou plutôt, on voit la mineure *un juge est un magistrat* renfermée dans la majeure par la condition *si*. Allons plus loin; d'un Syllogisme *simple* faisons un Syllogisme *complexe* et *conjonctif* en même temps :

Si un juge est un magistrat, puisque la loi divine oblige d'honorer tous les magistrats, la loi divine oblige d'honorer un juge;
Or, un juge est un magistrat :
Donc la loi divine oblige d'honorer un juge.

Ne sommes-nous pas toujours dans les bornes de la même pensée, et le raisonnement n'est-il pas absolument le même? Mais poursuivons, et allons jusqu'au *non plus ultrà* de la complication, en chargeant la *majeure* et la *mineure* de conjonctions et de propositions incidentes :

Si un juge est un magistrat, et si la loi divine ordonne d'honorer tous les magistrats, la loi divine ordonne d'honorer un juge ;
Or, un juge est un magistrat, et la loi divine ordonne d'honorer tous les magistrats :
Donc la loi divine ordonne d'honorer un juge.

La distinction de Syllogismes en *simples*, *conjonctifs* et *complexes*, imaginée par les Logiciens, est donc plus effrayante qu'elle n'est importante et difficile à saisir ; et si communément elle est la terreur des commençans, c'est que déjà ils sont épouvantés par l'appareil des termes techniques. Cependant il ne faut pas croire qu'elle soit sans fondement ; car tous les Syllogismes dans lesquels on fait entrer des propositions incidentes et des conjonctions, ne peuvent être ramenés aux règles générales que par une décomposition et une espèce de *renversement*, qui leur donnent une forme plus frappante ; les conjonctions, d'ailleurs, entraînent avec elles des lois particulières et qui leur sont propres. Aussi a-t-on fait une division expresse des Syllogismes *conjonctifs*; c'est-à-dire, qu'on leur a imposé des noms différens selon la nature de la conjonction qui les modifie. On les appelle *conditionnèls*, quand ils renferment la condition *si*; *disjonctifs*, lorsque, par la conjonction *ou*, ils proposent, comme le dilemme, deux partis à choisir; *copulatifs*, quand ils contiennent la liaison *et*. En un mot, leurs *majeure* sont deux membres : or, ces deux membres sont unis, tantôt par *si*, tantôt par *ou*, et tantôt par *et*. Rendons-nous plus clairs encore par des exemples, car c'est toujours aux exemples qu'il en faut revenir.

Le Syllogisme suivant est *conditionnel* :

Si la matière ne peut se mouvoir d'elle-même, le premier mouvement lui a été donné par le Créateur :

Or, la matière ne peut se mouvoir d'elle-même,

Donc le premier mouvement lui a été donné par le Créateur.

Cet autre est *disjonctif :*

Ou la terre tourne sur son axe, en même temps qu'elle roule autour du soleil, pour produire la succession du jour et de la nuit et la vicissitude des saisons, ou elle est immobile :
Or, il est démontré qu'elle n'est point immobile,
Donc elle tourne sur son axe, et roule autour du soleil.

Ce troisième est *copulatif :*

Un homme ne peut être en même temps ami de Dieu et idolâtre de l'argent :
Or, l'avare est idolâtre de l'argent :
Donc il n'est point l'ami de Dieu.

Il est trop aisé de voir quels peuvent être les défauts particuliers de ces sortes d'argumens, pour qu'il soit nécessaire d'en donner le détail. Passons donc aux règles les plus générales du Syllogisme pris comme raisonnement composé de trois propositions et de trois termes.

RÈGLES GÉNÉRALES
DU SYLLOGISME.

I. Le Syllogisme est la comparaison de deux idées par l'entremise d'une troisième, nous l'avons déjà dit. Toute idée, quand elle est exprimée, s'appelle *terme*, nous l'avons dit encore. Il y a donc trois *termes* dans un Syllogisme : deux à comparer, ce sont les *extrêmes* ; et un qui sert de mesure, c'est le *moyen*. Deux ne suffisent point, puisqu'on ignore leur rapport ; et un quatrième seroit de trop, parce qu'il n'entreroit point dans la comparaison. Ainsi je ne pourrois rien conclure des deux propositions suivantes :

> Socrate fut philosophe,
> Alexandre fut conquérant.

II. Il faut une mesure commune : il n'y en auroit point si le *moyen* avoit deux sens différens ; deux restrictions les lui donneroient ; il doit donc être au moins une fois général. Voici un Syllogisme qui n'est défectueux, que parce que son *moyen terme* est deux fois de suite particulier :

> Quelqu'homme est saint,
> Quelqu'homme est voleur,
> Donc quelque voleur est saint.

car certainement le même *homme* ne peut être en même temps *saint* et *voleur*. Remarquons que presque tous les Syllogismes pèchent contre cette seconde règle.

III. Le plus grand ne peut se déduire du plus petit; par conséquent, on ne peut conclure plus que l'on n'a prouvé : c'est ce qui arriveroit néanmoins, si l'on disoit :

> Il y a des hommes qui sont des monstres ;
> Or, la société n'est composée que d'hommes :
> Donc la société n'est composée que de monstres.

IV. Le *moyen* n'est employé que pour prouver; on ne prouve rien dans la conclusion, puisqu'elle n'est que l'énoncé des preuves ; le *moyen* ne doit donc jamais s'y trouver : aussi seroit-il ridicule de dire :

> Un grand homme mérite nos hommages ;

Or, César fut un grand homme :
Donc César fut un grand homme qui mérite nos hommages.

V. Quand les deux *extrêmes* sont d'accord avec le *moyen*, ne sont-ils pas d'accord entr'eux ? Il faut donc en convenir dans la conclusion ; c'est-à-dire que de deux prémisses affirmatives, on ne peut tirer une conclusion négative. Par exemple, si l'on avance que

Socrate fut un grand philosophe,

et que

Un grand philosophe est un homme précieux,

peut-on répondre que

Socrate ne fut pas un homme précieux ?

VI. Quelle conséquence tirer de ces deux propositions disparates ?

Les Espagnols ne sont pas Mahométans,
Les Mahométans ne sont pas Français.

Aucune, sans doute; et pourquoi? c'est qu'elles sont sans rapport; par conséquent, de deux prémisses négatives, on ne peut rien conclure.

VII. Si je vois un *extrême* d'accord, et l'autre incompatible avec le *moyen*, je ne puis avancer dans ma conclusion qu'il y a convenance entre les deux extrêmes, c'est l'Axiome; je dois donc les désunir : c'est-à-dire que quand des deux prémisses l'une est négative, la conclusion doit être négative aussi. Me dit-on ?

Nul homme cruel ne peut être un bon prince :
Or, Caligula étoit un homme cruel :

Ne suis-je pas forcé de conclure?

Donc Caligula ne pouvoit être un bon prince.

Et s'il arrive qu'une des deux prémisses soit particulière, puis-je oublier cette restriction dans ma conséquence ! Non; ce seroit conclure *le tout*, quand je n'en ai prouvé qu'une *partie*. Donc si l'on me propose les deux prémisses suivantes :

Aucun menteur n'est estimable ;
Or, il y a dans votre société quelques menteurs :

je ne puis tirer pour conclusion :

Donc votre société n'est pas estimable.

mais je dois répondre avec retenue :

Donc il se trouve dans votre société des membres qui ne sont pas estimables.

Voilà ce que prétendent les Logiciens, quand ils disent que la conclusion suit toujours la *plus foible partie ;* autrement, qu'elle est négative quand une des prémisses est négative, et qu'elle est particulière quand une des prémisses est particulière ; car la plus foible partie dans les propositions est la *négation* et la *particularité*, comme, dans la grammaire, le genre le moins noble est le genre *féminin*.

VIII. Enfin, si chacune des deux prémisses est particulière, on n'en peut rien tirer : la raison en est simple ; le *moyen terme* y aura deux restrictions, ou la conclusion sera plus forte que les preuves. Par exemple, quelle conséquence peut-on déduire de ces deux propositions ?

Il y a des Français qui sont braves,
Il y a des Français qui sont lâches.

Aucune absolument; non plus que des deux suivantes :

> Il y a des hommes vertueux;
> Il y en a qui ne le sont pas.

Telles sont les lois dont un Syllogisme ne peut s'écarter, qu'il ne devienne aussitôt un faux raisonnement. Je les eusse mieux fait sentir, qu'il me soit permis de le répéter, si je n'eusse craint de fatiguer des esprits encore peu accoutumés à la discussion; mais je ne pouvois éviter les difficultés que présente leur démonstration mathématique, sans affoiblir beaucoup leur intérêt, parce qu'elles ne sont vraiment belles qu'autant qu'elles sont rigoureuses. Cependant je crois avoir rempli la tâche que m'imposoit mon plan, et fourni aux jeunes combattans pour qui j'écris, les armes qui leur sont propres. Leur adresse d'ailleurs et leurs talens suppléeront facilement aux défauts qui me sont échappés.

DE LA METHODE (1).

Que seroit un édifice où l'œil ne rencontreroit que le porphyre, le marbre, l'or, et tout ce que la nature a de plus précieuses substances; mais où ces magnifiques ornemens seroient placés au hasard, sans dessin, sans règle, sans proportions et sans ordre? Ne pourroit-on pas l'appeler un *monstre* de beautés? Que seroit un tableau qui présenteroit le plus brillant coloris, la touche la plus légère, les plus riches détails, la variété la plus féconde; mais dans lequel le pinceau déréglé de l'artiste n'eût exprimé que les caprices et les jeux les plus bizarres d'une folle imagination? N'y chercheroit-on pas les convenances, l'ensemble et l'harmonie? N'y désireroit-on pas cet heureux accord qui

(1) Μέθοδος, *Methodos*, *voie* pour s'instruire et enseigner, de μετὰ, *méta*, *avec*, et de ὁδὸς, *hodos*, *chemin*, *sentier*.

seul peut montrer qu'un ouvrage est sorti d'une main savante? Il en est de même de nos raisonnemens, de nos jugemens et de nos idées. Si nous ne les unissons par des liaisons naturelles; si nous n'en fixons clairement les rapports, les affinités, les contrastes; si nous ne leur donnons une marche régulière; si enfin nous ne les soumettons à un ordre constant et rigoureux; nous n'aurons qu'à gémir de notre fécondité, parce que jamais elle ne produira qu'un amas confus de richesses inutiles; fausse abondance, mille fois plus onéreuse que la disette! Or, ce bel ordre, cet ordre si nécessaire dans l'exercice de nos facultés, c'est ce qu'on appelle *la Méthode*.

Nous sommes nés pour connoître la vérité. A quel autre usage plus noble peuvent être destinés cet entendement et ce cœur que nous avons reçus de la nature? Pour quel but plus intéressant avons-nous ce caractère d'énergie et d'activité qui nous élève au-dessus de la bête? Nous sentons que notre bonheur dépend de la vérité; n'en avons-nous pas pour garant ce penchant invincible qui, au milieu même de nos plus grands égaremens, nous ramène vers elle? J'ose même dire que nous aimons la vérité : oui, nous l'aimons, tout corrompus que nous sommes; et nos erreurs les plus séduisantes, nos illusions les plus chères, sont toujours celles qui se présentent à nos yeux sous ses traits. Mais que de peines, que de fatigues, que de combats ne faut-il pas soutenir, pour pénétrer dans son auguste retraite! Semblables à ces vaillans guerriers de la chevalerie, que mille enchantemens entraînoient dans les palais des fées, nous avons sans cesse à lutter contre des prestiges de toute espèce, à nous garantir d'une infinité de piéges, à nous défendre d'autant de dangers que nous avons de pas à faire. Il n'est point de forme attrayante ou terrible, que ne prenne le mensonge pour égarer nos pas; trop heureux encore, si nous n'avions que des ennemis étrangers à dompter, ou des ennemis qui nous fussent moins chers! Mais c'est contre nous-mêmes que nous sommes forcés de prendre les armes; c'est à nos passions qu'il faut résister ; c'est à nos sens qu'il faut imposer silence ; c'est à notre imagination qu'il faut donner un frein ; c'est à notre amour-propre qu'il faut, je ne dis pas arracher son aiguillon (car sans lui nous serions dans une honteuse léthargie), mais au moins opposer souvent un bouclier d'airain ; c'est enfin à notre cœur qu'il faut déclarer une guerre malheureusement trop longue et trop cruelle. Nous aimons la vérité, je le répète ; mais nous aimons aussi tout ce qui nous éloigne d'elle : ce paradoxe est dans notre foiblesse. Nous avons donc besoin, au milieu de tant de périls, qu'un flambeau dissipe les ténèbres qui nous environnent, ou efface par une plus forte lumière les lueurs trompeuses du mensonge : or, la *méthode* est ce flambeau. Nous avons besoin qu'un fil dirige nos pas dans les sentiers tortueux où nous engage l'erreur : la *méthode* est ce fil. Il nous faut des points fixes auxquels nous puissions reconnoître la route que nous avons suivie : nous les trouvons dans la *méthode*. Enfin la *méthode* est l'unique secours qu'il nous soit permis d'espérer dans la recherche de la vérité. Aussi un philosophe orateur, je veux dire Cicéron, nous la présente-t-il comme le plus beau privilége de l'Humanité, en disant :

« Un effet singulier de la nature et de » cette raison qu'elle a donnée en partage » à l'homme, c'est qu'il est de tous les » animaux le seul qui ait une idée de l'or- » dre, de la décence, d'une règle à ob- » server dans les actions et dans les dis- » cours. Aussi est-il le seul qui, dans les » objets dont les sens peuvent juger, soit » touché du beau, et sache ce que c'est » qu'agrément, ce que c'est que justesse » de proportions; et ces mêmes idées dont » ses yeux sont frappés, sa raison les lui » fait appliquer aux opérations de l'âme. » Il conçoit que la beauté, la règle, l'ordre » sont encore bien plus à ménager dans ses » projets, dans ses démarches; et attentif » à n'oublier jamais la décence, à ne mon- » trer aucune foiblesse, il ne se permet de » rien penser, de rien faire d'irrégulier ». *Offic.* I. 4.

Il est vrai que Cicéron ne prend ici que

le beau, que la perfection, que l'idéal, pour ainsi dire, de la nature humaine; et il est sans doute bien difficile, au milieu de la corruption générale, de trouver l'homme aussi grand, aussi juste, aussi vertueux, qu'il se plaît à le peindre : mais néanmoins, dans la longue suite des affligeans tableaux de l'Histoire, il existe encore quelques beaux traits, quelques heureuses exceptions, qui prouvent que son éloge ne tombe point sur des qualités chimériques.

Les Logiciens ont distingué deux sortes de *Méthodes* : l'une faite pour découvrir la vérité; ils l'ont nommée *Analyse*, *Méthode de résolution*, *Méthode d'invention* (1) : la seconde destinée à montrer aux autres la vérité que l'on vient de découvrir, et ils l'ont appelée *Synthèse*, *Méthode de composition*, *Méthode de doctrine* (2).

La première est employée pour traiter une question particulière, pour résoudre

---

(1) Ἀνάλυσις, *Analysis*, de Ἀναλύω, *Analyo*, *je délie*, *je résous*.

(2) Σύνθεσις, *Synthesis*, de συντίθημι, *Syntithèmi*, *je mets ensemble*, *je compose*.

un problème, pour dégager la vérité de toutes les conditions qui l'enveloppent et la cachent : c'est une chaîne dont chaque anneau approche du but, mais qui n'est entièrement formée que quand le but est saisi : c'est une échelle dont le premier degré ne s'établit que lorsqu'on a fait le premier pas, et dont on ignore absolument quelle sera la longueur, parce qu'on ne connoît ni le terme où l'on aspire, ni le chemin qui reste à faire pour l'atteindre.

La seconde sert à enseigner toutes les sciences. Elle est, aussi bien que la première, une chaîne tendue sur la route que l'on a suivie pour arriver à la vérité ; mais c'est une chaîne qui part du but pour aller rejoindre l'entrée de la carrière, et ses anneaux ne sont qu'autant de signes de tous les pas que l'on a faits. Si nous la comparons, comme la première, à une échelle, il y aura cette différence, que tous les degrés en sont parfaitement connus, et ne sont comptés que comme les époques de la marche plus ou moins pénible de l'inventeur.

L'*Analyse* va du plus facile au moins

aisé, du plus simple au plus compliqué, du particulier au général : un pas amène un autre pas, une découverte conduit à une autre.

La *Synthèse*, au contraire, commence par annoncer que la vérité est connue, et que la voie qui mène à elle est frayée : elle établit ensuite des maximes générales, elle fixe des points de repos, et descend du plus composé au plus simple, du plus difficile au plus aisé, jusqu'à ce qu'elle ait indiqué les premières observations qui ont été faites.

Enfin ces deux *Méthodes* ne diffèrent, selon la remarque de la *Logique de Port-Royal*, que comme le chemin que l'on fait en montant d'une vallée sur une montagne, de celui que l'on fait en descendant de la montagne dans la vallée ; ou comme diffèrent les deux manières dont on se peut servir pour prouver qu'une personne est descendue de S. Louis, dont l'une est de montrer que cette personne a tel pour père qui étoit fils d'un tel, et celui-là d'un autre, et ainsi jusqu'à Saint Louis : l'autre de commencer par S. Louis et faire voir qu'il a eu tels enfans, et ces enfans d'autres, en en descendant jusqu'à la personne dont il s'agit.

N'eût-il pas été plus naturel de n'admettre qu'une seule *Méthode*? Je le crois; car tous les hommes sont également curieux. Leur premier désir, quand ils entendent parler d'une découverte, est de savoir par quels moyens on a pu la faire : ils aiment à contempler toutes les difficultés qu'il a fallu vaincre; ils veulent, en quelque sorte, participer à la gloire de l'invention, en surmontant les mêmes obstacles, en s'engageant dans les mêmes dangers, en appliquant leurs pas sur les pas de ceux qui les ont précédés; ils sont, comme eux, dans une certaine inquiétude, dans une espèce de perplexité, qui leur donne du mérite; ils sont, comme eux, partagés entre la crainte et l'espérance, et, comme eux, ils goûtent le doux plaisir de la surprise quand ils arrivent au terme de leurs travaux : pourquoi donc la manière de découvrir la vérité ne seroit-elle pas celle de l'enseigner? Ne sait-on pas, d'ailleurs, que les maximes générales de la *Synthèse* ne font jamais tant d'impression sur l'esprit des jeunes gens même, que les principes particuliers de l'*Analyse ?* Et la preuve démonstrative en est, que quand on leur propose ces maximes générales, ils cherchent avec empressement sur quoi elles sont fondées, et leur curiosité n'est satisfaite que lorsqu'ils en voient clairement l'origine. Ils entrent donc, par un mouvement naturel, dans les détails de l'*Analyse*, et c'est ce qui fait comprendre que cette méthode est la marche véritable de l'esprit humain. Mais rien ne résiste à l'usage, et la distinction entre l'*Analyse* et la *Synthèse* a trop d'empire, pour être ébranlée par des réflexions même beaucoup plus fortes que celles que je viens de faire.

CONDILLAC, Chapitre II de la *Logique*, Cours d'Études, démontre ainsi que l'*Analyse est l'unique méthode pour acquérir des connoissances.*

« Je suppose un château qui domine sur une
» campagne vaste, abondante, où la Nature s'est
» plu à répandre la variété, et où l'art a su pro-
» fiter des situations pour les varier et les em-
» bellir encore. Nous arrivons à ce château pen-
» dant la nuit. Le lendemain, les fenêtres s'ou-

» vrent au moment où le soleil commence à dorer » l'horizon, et elles se referment aussitôt.

» Quoique cette campagne ne se soit montrée » à nous qu'nn instant, il est certain que nous » avons vu tout ce qu'elle renferme. Dans un » second instant nous n'aurions fait que recevoir » les mêmes impressions que les objets ont faits » sur nous dans le premier. Il en seroit de même » dans un troisième. Par conséquent, si l'on » n'avoit pas refermé les fenêtres, nous n'aurions » continué de voir que ce que nous avions d'a- » bord vu.

» Mais ce premier instant ne suffit pas pour » nous faire connoître cette campagne, c'est-à- » dire, pour nous faire démêler les objets qu'elle » renferme : c'est pourquoi, lorsque les fenêtres » se sont refermées, aucun de nous n'auroit pu » rendre compte de ce qu'il a vu. Voilà comme » on peut voir beaucoup de choses et ne rien » apprendre.

» Enfin, les fenêtres se r'ouvrent pour ne plus » se fermer tant que le soleil sera sur l'horizon, » et nous revoyons long-temps tout ce que nous » avons d'abord vu. Mais si, semblables à des » hommes en extase, nous continuons, comme » au premier instant, de voir à la fois cette mul- » titude d'objets différens, nous n'en saurons » pas plus lorsque la nuit surviendra que nous » n'en savions lorsque les fenêtres, qui venoient » de s'ouvrir, se sont tout à coup refermées.

» Pour avoir une connoissance de cette cam-
» pagne, il ne suffit donc pas de la voir tout à la
» fois; il en faut voir chaque partie l'une après
» l'autre; et au lieu de tout embrasser d'un coup
» d'œil, il faut arrêter ses regards successive-
» ment d'un objet sur un objet. Voilà ce que la
» Nature nous apprend à tous. Si elle nous a
» donné la faculté de voir une multitude de
» choses à la fois, elle nous a donné aussi la fa-
» culté de n'en regarder qu'une, c'est-à-dire, de
» diriger nos yeux sur une seule; et c'est à cette
» faculté, qui est une suite de notre organisa-
» tion, que nous devons toutes les connoissances
» que nous acquérons par la vue.

» Cette faculté nous est commune à tous. Ce-
» pendant si, dans la suite, nous voulons *parler*
» *de cette campagne*, on remarquera que nous
» ne la connoissons pas tous également bien.
» Quelques-uns feront des tableaux *plus* ou *moins*
» *vrais*, où l'on retrouvera beaucoup de choses
» comme elles sont en effet; tandis que d'autres,
» *brouillant tout*, feront des tableaux où il ne
» sera pas possible de rien reconnoître. Chacun
» de nous néanmoins a vu les mêmes objets;
» mais les regards des uns étoient conduits comme
» *au hasard*, et ceux des autres se dirigeoient
» avec un *certain ordre*.

» Or, quel est cet ordre? La Nature l'indique
» elle-même: c'est celui dans lequel elle offre les
» objets. Il y en a qui appellent plus particu-

» lièrement les regards ; ils sont plus frappans ; » ils dominent, *et tous les autres semblent s'arranger autour d'eux, pour eux.* Voilà ceux » qu'on observe d'abord ; et quand on a remarqué leur situation respective, les autres se » mettent, dans les intervalles, *chacun à leur* » *place.*

» On commence donc par les objets principaux ; on les observe successivement, et on » les compare, pour juger des rapports où ils » sont. Quand, par ce moyen, on a leur situation respective, on observe successivement » tous ceux qui remplissent les intervalles ; on » les compare chacun avec l'objet principal le » plus prochain, et on en détermine la position.

» Alors on démêle tous les objets dont on a » saisi la forme et la situation, et on les embrasse » d'un seul regard. L'ordre qui est entr'eux dans » notre esprit, n'est donc plus successif ; il est » simultané. C'est celui-là même dans lequel ils » existent, et nous les voyons tous à la fois d'une » manière distincte. . . . .

» *Analyser* n'est donc autre chose qu'observer » dans un ordre successif les qualités d'un objet, » afin de leur donner, dans l'esprit, l'ordre simultané dans lequel elles existent. C'est ce que » la Nature nous fait faire à tous. . . .

» Il y a des esprits *justes* qui paroissent n'avoir » rien étudié, parce qu'ils ne paroissent pas » avoir médité pour s'instruire : cependant ils

» ont fait des études, et ils les ont bien faites.
» Comme ils les faisoient sans dessein prémédité,
» ils ne songeoient pas à prendre des leçons
» d'aucun *maître*, et ils ont eu le meilleur de
» tous, la *Nature*. C'est elle qui leur a fait faire
» l'analyse des choses qu'ils étudioient; et *le peu*
» qu'ils savent, ils le savent *bien*. L'instinct,
» qui est un *guide si sûr*; le goût, *qui juge si*
» *bien*, *et qui cependant juge au moment qu'il*
» *sent*; les talens, *qui ne sont eux-mêmes que*
» *le goût*, *lorsqu'il produit ce dont il est juge*;
» toutes ces facultés sont l'ouvrage de la *Nature*,
» qui en nous faisant analyser à notre insu,
» semble vouloir nous cacher tout ce que nous
» lui devons. C'est elle *qui inspire l'homme de*
» *génie*; elle est la *Muse* qu'il invoque, lors-
» qu'il ne sait pas d'où lui viennent ses pensées.

» Il y a des esprits *faux* qui ont fait de grandes
» études. *Ils se piquent de beaucoup de mé-*
» *thode*, et ils n'en raisonnent que plus mal :
» c'est que lorsqu'une *méthode* n'est pas la bonne,
» plus on la suit, plus on s'égare. On prend pour
» *principes* des notions *vagues*, des mots *vides*
» *de sens*; on se fait un *jargon* scientifique,
» dans lequel on croit voir l'évidence; et cepen-
» dant on ne sait dans le vrai ni ce qu'on voit,
» ni ce qu'on pense, ni ce qu'on dit. On ne sera
» capable d'analyser ses pensées, qu'autant
» qu'elles seront elles-mêmes l'ouvrage de
» l'analyse.

» C'est donc, encore une fois, par l'analyse, » et par l'analyse seule, que nous devons nous » instruire. C'est la voie la plus simple, parce » qu'elle est la plus naturelle ; et nous verrons » qu'elle est encore la plus courte. C'est elle qui » a fait toutes les découvertes; c'est par elle que » nous retrouverons tout ce qui a été trouvé ; et » ce qu'on nomme *méthode d'invention*, n'est » autre chose que l'*analyse*.

» *Nous ne pouvons aller que du connu à l'in-* » *connu*, est un principe bien trivial dans la » théorie, et presqu'ignoré dans la pratique. Il » semble qu'il ne soit senti que par des hommes » qui n'ont point étudié. Quand ils veulent vous » faire comprendre une chose que vous ne con- » noissez pas, ils prennent une comparaison dans » une autre que vous connoissez ; et s'ils ne sont » pas toujours heureux dans le choix des com- » paraisons, ils font voir au moins qu'ils sentent » ce qu'il faut faire pour être entendus.

» Il n'en est pas de même des *savans*. Quoi- » qu'ils veuillent instruire, ils oublient volon- » tiers d'aller du *connu à l'inconnu*. Cependant » si vous voulez me faire concevoir des idées » que *je n'ai pas*, il faut me prendre aux idées » *que j'ai*. C'est à ce *que je sais*, que commence » tout ce *que j'ignore*, et tout ce qu'il est pos- » sible d'apprendre ; et s'il y a une *méthode* pour » me donner de nouvelles connoissances, elle

» ne peut être que la *méthode même* qui m'en » a déjà donné ».

La *Méthode* ne consiste pas seulement dans une adresse d'esprit naturelle, et dans une sagacité indépendante des préceptes ; elle a des règles, des règles fixes et constantes, des règles dont on ne peut s'écarter sans s'exposer à l'erreur : il est intéressant de les connoître.

1°. Nous devons toujours être en garde contre le témoignage de nos sens. Ce n'est pas que nos sens nous trompent : ils sont, au contraire, les guides les plus sûrs que nous puissions suivre dans la pratique de la vie : semblables à de vigilantes sentinelles, ils nous avertissent avec la plus grande fidélité de tout ce qu'il y a d'agréable ou d'offensant, d'utile ou de pernicieux, dans les objets qui nous environnent ; mais il ne faut pas étendre leur office au-delà des bornes prescrites par la sagesse du Créateur.

L'œil est fait pour saisir les distances, les couleurs, les figures ; mais s'il est trop éloigné, si l'excès de la lumière lui donne une commotion trop violente, ou si le défaut de jour ne l'ébranle suffisamment, si l'accident le plus léger altère la moindre des parties dont il est composé, si le milieu qui le sépare de l'objet est trop dense ou trop mobile, sans cesser d'être fidèle, il rapporte des apparences tout à fait différentes de la réalité. L'oreille est destinée à la propagation des sons ; mais en nous rendant exactement ce qui l'affecte, elle peut combattre le témoignage de l'œil. En effet, j'aperçois au loin dans la campagne un bûcheron dont la coignée tombe à coups redoublés sur le tronc d'un arbre : mon œil voit l'instrument suspendu, et mon oreille, dans le même instant, m'en rapporte le bruit : voilà sans doute une illusion ; lequel des deux sens est en défaut ? Ni l'un ni l'autre : l'œil a bien vu, l'oreille a bien entendu ; mais l'intervalle a retardé le son du coup précédent, et je ne le saisis que quand un nouveau coup se prépare. Une rame nous paroît brisée dans l'eau ; l'est-elle vraiment ? Si l'on en doutoit, le tact prouveroit aussitôt le contraire. Éloignés d'un vase vide, nous n'apercevons point un écu mis au fond, et nous le voyons si le vase se remplit : n'y étoit-il pas avant ? La main en étoit le témoin, l'œil lui-même, placé plus près des bords, le découvroit aisément. Une longue allée d'arbres, un plafond, paroissent se terminer en pointe, et la perspective ne peut les représenter que par ce moyen ; la même largeur néanmoins règne partout dans l'une et dans l'autre, nous en sommes convaincus en les parcourant. Une haute muraille, parfaitement d'à-plomb, semble se renverser sur le spectateur qui se promène au pied : s'écarte-t-il de quelques pas, il la trouve perpendiculaire. A la distance d'une lieue, une tour bien carrée prend une forme ronde : qu'on en approche, et les angles reparoîtront. Se presse-t-on l'œil avec le doigt, mille dessins se présentent sous toutes les couleurs et dans toutes les nuances : le même phénomène a lieu, si nous recevons un coup violent sur la tête. Un prisme triangulaire de verre nous fait voir au grand jour les objets renversés et couronnés de violet ou de rouge, etc. etc. etc. Toutes ces apparences sont-elles des erreurs ? Oui, si nous prononçons d'après elles, si nous ne les rectifions par la raison, si nous n'opposons un sens à l'autre; si nous n'avons égard aux distances, aux milieux, aux situations, aux accidens, à la constitution actuelle de notre corps, et à mille autres circonstances. Nous serons dans l'erreur, et nos sens ne nous tromperont point; ils nous rapporteront tout ce qu'ils peuvent et tout ce qu'ils doivent rapporter dans l'état où ils se trouvent, parce qu'ils ne sont faits que pour nous avertir, non de ce qui existe absolument dans la nature, mais de tout ce qui peut par son extérieur influer sur nos organes; non de la véritable grandeur des corps, non de leur forme réelle, non de la disposition intérieure et secrète de leurs parties, non enfin de tout ce qui constitue leur essence; mais de tout ce que nous appelons leurs qualités sensibles, c'est-à-dire, de tous les rapports qu'ils ont avec nos plaisirs ou nos peines, par les innombrables sensations que leur approche fait naître en nous. Nous serons dans l'erreur pour n'avoir pas prêté l'attention nécessaire, pour n'avoir pas distingué l'usage naturel de nos sens, pour avoir exigé d'eux des témoignages qui n'étoient nullement de leur ressort, en un mot, pour avoir jugé trop vîte. On peut même avancer que la précipitation est l'unique cause de toutes ces illusions, parce que c'est elle qui rend nos jugemens téméraires, obscurs, douteux ou faux. Ecoutons, pour achever de nous en convaincre, ce qu'en dit le plus aimable Philosophe qui puisse nous donner des leçons, LA FONTAINE dans sa Fable d'*un Animal dans la Lune*. Qu'il seroit à désirer que toute la Logique fût présentée sous de pareilles couleurs! Nous aurions le plaisir de la voir plus cultivée qu'elle ne l'est aujourd'hui.

« Pendant qu'un philosophe assure
» Que toujours par leurs sens les hommes sont dupés,
» Un autre philosophe jure
» Qu'ils ne nous ont jamais trompés.
» Tous les deux ont raison; et la philosophie
» Dit vrai, quand elle dit que les sens tromperont
» Tant que sur leur rapport les hommes jugeront.
» Mais aussi, si l'on rectifie
» L'image de l'objet sur son éloignement,
» Sur le milieu qui l'environne,

» Sur l'organe et sur l'instrument,
» Les sens ne tromperont personne.
» La Nature ordonna ces choses sagement ;
» J'en dirai quelque jour les raisons amplement.
» J'aperçois le Soleil : quelle en est la figure?
» Ici-bas ce grand corps n'a que trois pieds de tour :
» Mais si je le voyois là-haut dans son séjour,
» Que seroit-ce à mes yeux que l'œil de la Nature?
» Sa distance me fait juger de sa grandeur :
» Sur l'angle et les côtés ma main le détermine.
» L'ignorant le croit plat ; j'épaissis sa rondeur,
» Je le rends immobile, et la terre chemine.
» Bref, je démens mes yeux en toute sa machine.
» Ce sens ne me nuit point par son illusion.
» Mon âme, en toute occasion,
» Développe le vrai caché sous l'apparence.
» Je ne suis point d'intelligence
» Avecque mes regards peut-être un peu trop prompts,
» Ni mon oreille lente à m'apporter les sons.
» Quand l'eau courbe un bâton, ma raison le redresse.
» La raison décide en maîtresse.
» Mes yeux, moyennant ce secours,
» Ne me trompent jamais en me mentant toujours.
» Si je crois leur rapport, erreur assez commune,
» Une tête de femme est au corps de la Lune.
» Y peut-elle être? Non. D'où vient donc cet objet?

» Quelques lieux inégaux font de loin cet effet.
» La lune nulle part n'a sa surface unie :
» Montueuse en des lieux, en d'autres aplanie,
» L'ombre avec la lumière y peut tracer souvent
» Un homme, un bœuf, un éléphant ».

2°. Affermis contre les illusions de nos sens, nous devons nous défendre de tous les préjugés extérieurs; c'est-à-dire, n'admettre pour vrai que ce que nous connoissons évidemment comme tel; ne laisser passer en axiome aucune proposition qui ne soit de la plus grande évidence; ne rien omettre dans les dénombremens que nous faisons; ne nous fonder sur aucune autorité, si nous ne sommes très-assurés de sa force; ne jamais recevoir sans examen les opinions des autres, quelqu'estimées qu'elles puissent être. C'est ainsi que nous éviterons la prévention, la légéreté, la précipitation, et l'habitude dangereuse de prononcer dans nos jugemens plus que nos idées ne nous présentent : nous éviterons l'opiniâtreté, l'entêtement et la fureur; nous éviterons surtout les funestes effets de cette vanité qui tyrannise tous les hommes, et les empêche de faire un généreux aveu de leur erreur ou de leur ignorance. N'est-ce pas là ce qu'enseignoit Cicéron, ce maître consommé dans l'art de penser et d'écrire?

« Toute connoissance, disoit-il, est bouchée par mille difficultés; et les choses » sont tellement obscures d'elles-mêmes, » nous n'avons que de si foibles moyens » pour en juger, que les hommes les plus » doctes qu'il y eut jamais, ont craint, et » avec raison, de manquer le but qu'ils se » proposoient: mais ils ne laissèrent pour- » tant pas de continuer leurs recherches; et » nous de même, sans perdre courage, nous » continuerons les nôtres. Le seul motif qui » nous engage à disputer, et pour et contre, » c'est afin que ces discussions enfantent la » vérité, ou du moins ce qui en approche » le plus; et si nous différons de ceux qui » prétendent la posséder, ce n'est qu'en ce » qu'ils croient voir dans leurs opinions une » certitude absolue; tandis que nous, dans » les nôtres, nous ne voyons qu'une cer- » taine probabilité, qui peut bien nous » servir de règle, mais qui ne fait pas une » conviction.

» Toujours maîtres de nos jugemens,

» nous conservons une parfaite liberté, et
» nous ne connoissons point l'obligation de
» soutenir des sentimens qui nous ayent été
» dictés, et pour ainsi dire commandés.

» Quant aux autres, ils se trouvent liés à
» un parti, avant que d'avoir pu discerner
» si c'est le bon : ou gagnés par un ami,
» dans un âge qui n'est capable de rien, ou
» séduits par le discours du premier maître
» qu'ils entendent, ils jugent de ce qu'ils
» ne conçoivent pas, et ils embrassent une
» secte au hasard, comme dans une tem-
» pête nous embrassons le premier rocher
» où les vents et les flots nous jettent.

» Quelqu'un dont le grand savoir, di-
» sent-ils, leur étoit connu, a mérité toute
» leur confiance. Je les en louerois, s'ils
» avoient pu, étant ignorans eux-mêmes,
» se connoître au savoir de quelqu'un; car,
» pour pouvoir décider qu'un homme est
» savant, il faut qu'on sache beaucoup; et
» quand même ils l'auroient pu, encore
» falloit-il se mettre au fait, et savoir ce
» que pensent les autres sectes, au lieu
» de se rendre au premier mot d'un homme
» seul. Mais la plupart des gens, je ne

» sais pourquoi, aiment mieux se trom-
» per, et combattre opiniâtrément pour
» une opinion de leur goût, que de cher-
» cher sans entêtement la vérité ».

Academic. II. 3.

3°. Appliquons-nous à conduire par ordre toutes nos pensées ; à diviser chacune des difficultés que nous examinons, en autant de branches qu'il est possible, pour les discuter tour à tour avec toute la rigueur dont nous sommes capables ; à étudier d'abord les plus simples et les plus faciles, pour nous élever ensuite peu à peu, par une gradation bien suivie, jusqu'aux plus composées ; à distinguer scrupuleusement les deux sens que peut offrir un principe équivoque ; enfin à répudier toute conséquence qui n'est pas naturelle et nécessaire.

4°. Voulons-nous développer aux autres les vérités que nous connoissons ? Notre but, sans doute, est de les éclairer et de les convaincre ; il faut donc que nos preuves soient lumineuses et fortes. Or, pour être clairs, ne laissons jamais aucun de nos termes équivoque ou obscur; saisissons avec précision la nature des objets que nous expliquons, et présentons-la sous tous ses rapports. Ces deux précautions sont ce qu'on appelle la *définition* et des *choses* et des *mots*. Pénétrons-nous surtout de ce que nous voulons exposer; car quiconque est plein de son sujet, sait jeter dans tout ce qu'il dit de l'intérêt et de la clarté : c'étoit le précepte d'Horace, et Boileau l'a bien rendu dans les vers suivans de son *Art poétique* :

« Il est certains esprits dont les sombres pensées
» Sont d'un nuage épais toujours embarrassées :
» Le jour de la raison ne les sauroit percer.
» Avant donc que d'écrire, apprenez à penser.
» Selon que notre idée est plus ou moins obscure,
» L'expression la suit ou moins nette ou plus pure.
» Ce que l'on conçoit bien s'énonce clairement,
» Et les mots, pour le dire, arrivent aisément ».

Chant I.

Divisons exactement en leurs membres naturels et bien subordonnés, tous les articles trop compliqués pour être facilement saisis. N'en oublions aucun d'essentiel, n'en admettons point d'inutiles; autrement toutes nos énumérations seront fausses. On tomberoit dans le premier défaut, si, par exemple, on disoit que *la Terre a trois parties, l'Asie, l'Afrique et l'Europe;* car on supprimeroit l'*Amérique*, qui forme une quatrième partie non moins essentielle que les autres; et la division suivante seroit vicieuse de l'autre manière : *La Terre est composée de cinq parties principales, qui sont l'Europe, l'Asie, l'Amérique, l'Afrique, et la France;* car la *France* est comprise dans l'*Europe*, et conséquemment n'est point un membre principal de la division. Enfin ne manquons, dans aucune occasion, de prouver toutes les propositions qui peuvent souffrir quelque difficulté. Quant à la vigueur, nous l'aurons indubitablement, si nos raisonnemens ne sont fondés que sur des principes évidens et sur des conclusions bien déduites.

Voilà les règles les plus nécessaires de la *Méthode*. Il n'est pas toujours aisé de les observer : mais si notre foiblesse en rend la pratique difficile, il est pourtant très-avantageux de les connoître et de les méditer. Nos passions ne sont pas dans une irritation si constante, qu'elles ne nous laissent quelquefois d'heureux intervalles pendant lesquels la voix de la raison se fait entendre : or, dans ces précieux momens de silence et de relâche, un secret penchant ramène l'homme à l'étude. Il réfléchit sur lui-même et sur tout ce qui l'environne ; il fait de généreux efforts ; il voit que, bien différent de la bête, tout son être est au-dessus de ce qui frappe ses sens ; sa mémoire lui retrace le passé, sa prévoyance lui ouvre l'avenir, le présent est sous ses yeux ; et en rapprochant par la pensée ces trois grandes époques, il mesure tout le cours de sa vie. C'est alors qu'il jouit pleinement des fruits d'une belle éducation, ou qu'il regrette d'en avoir négligé le germe dans ses premières années. Il voit avec reconnoissance que tous les préceptes dont le zèle importun de ses maîtres chargeoit sa mémoire, n'étoient que les fondemens de son bonheur ; et ce qui affligeoit son enfance, fait au milieu de sa carrière son plaisir et son triomphe. Enfin, « quand ses » regards auront embrassé le ciel, la » terre, les mers, tout ce qui existe » ; (ces belles réflexions sont de Cicéron, et nous ne pouvons mieux terminer cet Essai qu'en les mettant sous les yeux des lecteurs) « quand il aura compris de quoi les choses » sont formées, ce qu'elles doivent redevenir, dans quel temps et de quelle manière elles finiront, ce qu'elles ont de périssable, et ce qu'elles ont d'éternel; » quand il aura presque touché au doigt et » à l'œil, si j'ose ainsi dire, l'Être qui » règle et gouverne l'Univers; quand il » verra que lui, personnellement, il n'est » point resserré dans un petit coin de la » terre, mais que le monde entier ne fait » que comme une seule ville dont il est citoyen : oh ! qu'un si magnifique spectacle, où la Nature se montre à découvert, mettra bien l'homme à portée de » se connoître lui-même, conformément au » précepte d'Apollon ! Oh ! que tous ces » objets, dont l'ambition vulgaire se fait » une si grande idée, seront peu capables » de l'éblouir ! Qu'ils lui paroîtront vils et » dignes du dernier mépris !

» Pour faire la solidité et la sûreté de ces » connoissances, il les entourera comme » d'une haie, en leur associant la *Logique*,

TABLE.

Fin de la Table.

tuations successives de ces particules
iblir leur mouvement qui est l'effet de
ulsion, sans devoir y produire un
rement en sens contraire? etc. (13).

CXXXIII.

passe à l'exposition de quelques-uns
s Doutes (et il me seroit facile d'en
ner un plus grand nombre) sur cette
Théorie chimique qui est aujourd'hui
généralement reçue: que la chaleur
oduite par un fluide qu'on appelle
que, qui pénètre les corps et qui
leurs molécules.

On dit que l'hypothèse que le Calo-
est un fluide, est plus propre à aider
eption des phénomènes, et plus *com-*
pour les exprimer.

s cette faculté de conception, et cette
odité d'expression peuvent sans doute
lieu, quand on se sert du nom de
que, comme d'une inconnue qui dé-
a cause générale de la chaleur. On n'a
s mêmes avantages, lorsqu'on avance
Calorique est un fluide; et que l'on

www.ingramcontent.com/pod-product-compliance
Ingram Content Group UK Ltd.
Pitfield, Milton Keynes, MK11 3LW, UK
UKHW021936200726
13855UKWH00007B/534